어머니의 겨울나기

이옥순 수필집

문학공원 수필선 47

어머니의 겨울나기

이옥순 수필집

"신실한 신앙을 통한 끊임없는 도전기!"

베틀에 한 올 한 올 엮이시 베틀이 완성되면 북집에 실을 달아 양 손으로 주거니 받거니 한다.
수없이 주거니 받거니 해야 한 눈금씩 모시옷도 무명옷도 탄생한다.
아버지의 바지저고리와 엄니의 속옷 고쟁이, 저고리, 치마 등과 두루마기, 버선 등
온 가족의 요술 옷들이 탄생한다.

문학공원

수필집을 내며

심한 감기몸살을 크게 앓아서 목소리가 나오지 않는 해산의 고통을 맞이했다. 책을 묶어낸다는 것에 대한 부담감으로 몸이 먼저 반응했던 것 같다. 젊은 시절 못 다한 공부를 늦게 시작하면서 주경야독으로 일과 병행해서 한다는 게 결코 쉬운 일이 아니란 것을 실감했다.

아버지께서는 낫 놓고 기역자도 모르고 어려운 시대를 살면서 큰아들은 고등교육을 시키는 장손바라기였다. 아들 셋, 딸 하나! 딸 셋을 하늘나라로 보내고 어머니의 눈에는 눈물이 마를 날이 없었다. 첫 새벽 장독대 위에 물 한 그릇 정화수를 떠 놓고 비손하는 풍경들, 그런 덕에 이렇게까지 잘 성장해서 사회의 일원으로 일가를 이루고 살아가도록 힘을 주셨기에 글쟁이가 되려고 했나 보다.

우리나라는 어려운 시절을 맞이해 강대국의 힘에 밀려 여러 번의 전쟁을 겪으며 풀 한 포기 없이 타버린 강산을 개척하였다. 그 덕에 부모님들은 밭에는 고구마를 심고 논에는 벼를 심으며 근근이 보릿고개를 넘겨야 했다. 허리띠 졸라매고 밤잠 한 번 마음 놓고 주무시지 못하고 일구어낸 터전에서 사시다가 하늘나라로 가셨지만 지금 지켜보고 계실 것이다.

늦었지만 우리 부모님 뿐만 아니라, 나라 잃은 설움과 배고픔 속에서도 꿋꿋하게 삶을 살아준 덕분에 고마움을 전해본다. 늘 옆에서 열심히 일하며 큰 도움을 준 남편 박병채 님께 감사드린다. 일가친척 모두에게도 감사의 말씀을 드린다. 또한 우리 큰딸 박정은, 둘째, 혜림, 셋째 혜미, 아들 지호, 큰사위 임승준, 둘째 사위 이우성, 셋째사위 전성민과 큰손자 임찬솔, 찬희, 찬서, 전영후와 태어난지 60일 된 이시윤까지 모두 감사한다.

끝으로 이 책이 나오기까지 애써주신 김순진 도서출판 문학공원 대표님과 전하라 편집장님께 감사드리며, 함께 공부해온 한국방송통신대학교 국어국문학과 학우님들께도 감사의 말씀을 올린다.

이 모든 영광을 하나님께 돌려드린다.

2020년 봄

이 옥 순 배상

차례

2부. 이생의 연인들

차례

3부. 진정한 울림

4부. 준비된 사람

5부. 내게로 온 편지

1부

달리는 세월

철산역

어제는 노원 평화복지회관에서 이야기보따리 정기모임을 가졌다. 많은 회원들이 여러 사정으로 참석하지 못해 숫자는 적었지만 적은 수에 비해 열정의 온도는 따뜻했다. 권순임 선배는 '오빠의 하늘가는 길을 배웅한다.'고 지방에서 올라오지 못했고, 우리 회원들은 하나가 된 마음으로 고인의 명복을 빌었다. 죽음도 앞서거니 뒤서거니 하나 보다. 나의 오빠도 작년 유월에 하늘나라로 떠나셔서 아직도 그리운 마음이다.

이보모임을 한다고 최종만 총무님은 쑥떡, 약밥, 감자떡 등 다양하게 사오시고, 큰 언니인 칠희 큰언니는, 자신의 형제 중에 막내인데 이보에서는 큰 언니가 되었다며, 큰언니의 본분을 지키기 위해 옥수수를 삶아오셨다. 압력솥에 삶았는지 불에 구웠는지 노릇노릇한데 잘게 잘라서 먹기 좋게 해서 가져왔다. 둘째 언니인 점아 언니는 경동시장에서 해남 호박을 공수해 호박죽을 쑤어오셨다. 셋째 언니인 남희 언니는 버스를 타고 오다가 내려서 조금 늦을 것이라는 카톡을 남기고 아마도 참외 사러 갔었나 보다.

잠시 후 참외를 한 보따리 들고 오셨다.

카페지기인 종영 지기는 책임감이 강하다. 그런 이유로 보따리가 유지돼오고 있고 덕분에 모임이 점점 따뜻하다.

미아역에서 혹시나 아무도 오지 않아 혼자 가는 게 아닌가 하는 마음이 들어서 메시지를 보냈다. "오늘 모임 하는 가요?" 한참 있다가 중계역에서 만나자고 한다. "중계역 3번 출구요." 조금 있다가 "네"하고 답이 왔다. 남편은 새벽부터 일이 있어서 내가 자고 있는 동안에 나갔다. 남편의 나이 69세, 내 나이 63세. 여섯 살 차이라 그런지 남편은 가장이기 전에 어린아이를 물가에 내놓는 듯이 나를 챙긴다. 집안 살림이야 여자인 내가 하지만…….

남해에 첫 직장이라고 양장점에 재단사로 취직이 되어 갔다. 양복점에 다정하고 따뜻한 성품을 지닌 남자분이 양복 양장점을 책임지고 있었다. 결혼한 지 얼마 되지 않아 색시는 괜찮고 남편은 연탄가스를 마셔서 어눌했다. 그런 이유로 오래가지 못하고 여수 고향을 찾아갔다. 그 뒤를 이어 남편이 양복 양장점 책임자가 되고 진급이 된 셈이다.

나는 여수에서 이화양재학원을 나와 여수, 소라비행장이 있는 곳 등을 거쳐 고향인 시골마을에서 양장점을 시작했다. 양장점이라 해야 고향집 새언니 방이다. 새언니가 시집오면서 사왔는지 아니면 큰오빠가 무역회사에 다니며 샀는지 외삼촌이 일본으로 장

▲ 약혼사진

어를 수출하고 무역회사를 다니면서 살는지 아마도 오빠가 샀을 거라고 여겨진다. 신기마을 새언니 친구들 투피스, 원피스, 바바리 등 정장을 만들어 동네에서 많이 맞추어주었다. 양재학원 원장의 추천으로 낯설고 물 설은 곳으로…….

인연이란 참으로 묘한 것이다. 그곳에서 여러 남성들의 시선을 물리치고 지금의 남편과 사랑에 빠진 것이다. 남자주인은 중고등학교 교사여서 학교에 남아 학교사택에서 있고, 여주인만 왔다 갔다 하다가 이사를 갔다. 여주인의 적극적인 지지로 우리를 약혼시켜주었다. 부모처럼 사용하던 집기류를 된장이며 고추장 다 그냥 두고 이사를 했다. 그런 덕분에 지금까지 잘 살아왔고 지금은 서울살이가 시작되었고 처음에 서울 미아리에 자리를 잡고 거리를 거닐었는데 전태일의 이름이 새겨져 있었다. 아, 이 사람이 노동자를 대변해서 석유를 몸에 바르고 불살라 지금까지 살아있음을 알았다. 몸은 하늘나라에 갔지만 노동자들의 자존감을 대변해주는 사람으로 동대문 평화시장 앞에 다리에도 전태일 동상이 남아있다.

이야기가 길어졌다. 칠월 모임을 하고 성점아 언니와 철산에 간 이야기를 하려다 잠시 삼천포로 빠졌다. '나는 참 행복한 사람이다.'라는 생각을 해본다.

나에겐 아들 하나, 딸 셋이 있다. 큰딸 가족은 큰딸, 사위, 큰 손자 둘째 셋째까지 오고 둘째 딸은 사위, 딸 셋째 딸 사위 교대 근무를 보는 것처럼 친정으로 다녀갔다. 사위도 손님이라고 힘들었는지 해마다 찾아온 방광염이 올해도 찾아오고 일요일 교회에서 예배를 드리는데 자꾸 신호가 온다. 화장실에 가면 소변만 찔끔 대변은 나올 듯 말 듯 방광이 신호가 왔다. 무사히 예배를 드리고 공과를 중2, 중3, 두 명 두고, 교사회 여름 수련회 준비모임을 했다. 여름이니 충북 보령 쪽으로 전에 살았다는 부목사님이 목회하던 섬으로 가자는 의견이었다.

무사히 예배를 마치고 점심시간이 되어 식당으로 안가고 집으로 왔다. 오다가 급해서 약방을 찾아보았고, 순간 방송대 가는 길목에 있는 상화약국이 머릿속을 스쳐갔다. 뛰어가 보니 약방은 셔터가 내려져 있었다. 방광의 신호는 점점 오고 아들이 집에 없고 친구 집에서 잔다는 메시지를 받아 전화를 했지만 그 시간까지 자는지 무응답! 공장으로 남편한테 뛰어갔더니 셔터가 내려져 있다. 전화를 했더니 수유시장이란다. 일하다 점심시간이라 갔나 보다. 약국을 좀 찾아보라고 하고 나도 여기저기 찾았지만 모두

▲ 막내아들 돌잔치 때 시누이 박영순(아이들의 고모)와 함께

닫혀 있다.

빵집 주인에게 물었다. “저, 약국이 어디 있는지 아세요?” 내 말에 “저 앞집은 문 닫았고 귀퉁이로 돌아가면 하나 있어요.”란다. 웰빙약국, 아마도 민병원하고 붙어있어 한 시까지 했나 보다. “방광염인가 봐요.”라고 했더니 마이신과 다른 약을 주며 두 알씩 먹으란다. ‘신장까지 위험할 수 있다’며 겁을 준다. 집에 와서 약을 먹고 점점 방광이 아프고 소변을 누고 화장지에 혈흔이 살짝 묻어나온다. 걱정이 되어 병원을 가기 위해 택시를 잡으려고 걸어가는데, 마침 택시가 와서 타고 갔더니 금방 한 시까지가 마감시간이었단다.

“내일 예약을 해드릴까요?” 묻는다. “아니에요. 나는 아쉬움을 뒤로하고 집으로 왔다. 다행히도 약국에서 산 약이 효험이 있어 점심 때 먹었던 약이 저녁이 되니 조금 나아졌다. 하루 세 번씩 먹으라고 했으니 저녁에도 먹었다. 다행히 나아졌다. 그래도 아직도 불안 불안하다 일주일 정도 가야 좋아지는 경험 때문에 또 단골 햇빛병원으로 갔다. 1번으로 접수를 했지만, 기다리는데 이름이 뒤로 밀려있다. 어제 예약을 할 껄 하고 약간 후회가 되었지만 기다리다 내 차례가 오고 진료를 하면서 검사까지 했다. 자궁경부암 결과는 정상인데 소변검사 결과는 더 치료를 받으라는 문자 메시지가 왔다.

보따리모임이 끝나고 점아 언니는 칠희 언니랑 회원들에게 권유를 하지만 다들 다른 볼일이 있어 각자 헤어지고 둘이서 가기로 하고 중계역에서 철산역까지 한두 시간 간 것 같았다.

철산역에서 점아 언니가 옛날에 장사를 했다며 이런저런 이야기를 했다. 역에 내리니 광명동굴 가는 버스가 17번이라고 안내문자가 뜬다. 마침 광명동굴로 가는 관광차가 들어오고 얼른 그 차를 탔다. 요금은 비쌀 줄 알았는데 1,000원씩이다.

드디어 점아 언니가 그토록 가고 싶은 광명동굴 탐험이 시작된다. 버스에 막 타자마자 남편으로부터 전화가 왔다. "어디야." "광명인데."라고 하니 뚝 끊는다. 불안하다 다시 전화가 왔다. 지호가 도와줄거니 있다 오란다. 한숨을 내쉰다. 같이 일을 하다 잠시 다녀올 생각에 보내준 남편이 왠지 화를 내지 않는 것은 내

▲ 여름성경학교 선생님들과, 앞줄 오른쪽에서 두 번째는 사모님, 뒷줄 왼쪽부터 네 번째는 문경호 목사님, 다섯 번째는 이옥순.

가 아프다는 이유일까 하는 생각이 조금 들었다. 그래서 점아 언니도 안심을 한다. 점아 언니 말 "회원들하고 동굴 구경하고 저녁을 먹이고 싶은 깊은 뜻"이 있었단다.

도란도란 동굴 입구에 도착을 하고 초행길이지만 일이 술술 풀리어 다행이었다. 지나가는 여인들에게 입구에서 한 컷 찍어 달라 하고 이보 카톡에 보냈다. 권순임 선배님께는 조금 죄송했지만 그래도 기회는 늘 오는 것이 아니기 때문에 기회가 왔으니 즐기자하고 계단을 오르고 오르니 광명동굴 매표소가 있어 표를 타서 또 입구에서 한 컷 광부들의 역사도 한 컷 광부들이 동굴

속에서 일급수라는 물을 먹으며 힘든 노동을 했을 것을 생각하니 마음이 아팠지만 그분들의 노고에 감사드리며 많은 행렬들이 이어졌다. 일급수 물이 흘러 아이들이 발을 담글 수 있게 도랑도 만들어놓았다.

이목초등학교[1)]

눈이 오나 비가 오나 바람이 불어도 쉬지 않고 달려온 세월이다. 마음은 아직도 젊은 시절 그대로인데 언제 세월이 이렇게 눈썹 휘날리듯 가버렸을까! 어제일까 오늘일까 내일의 꿈을 기다린 것이, 피붙이들은 하나 둘 떠나가고 즐겁게 뛰어놀던 동무들은 할머니 할아버지 되었다고, 카톡 프로필 사진은 친구인지 모를 모습으로 아련한 추억으로만 더듬더듬 찾아본다. 소를 몰던 오라버니도 소몰이 배우러 따라나선 아이도 옛 모습도 추억이 되었다.

우리 막내딸 결혼식에 참석한다고 핑계를 댄 사촌 오빠는 동기동창모임을 하였는데, 2018년 11월 3일 모임에도 가고픈데 결혼식에 간다고, 사촌동생이 내 폰번호를 친구에게 주었는지 전화가 왔다. 깨복쟁이로 놀던 친구도 한두 살 차이는 친구이고 오빠 동생 사이 친척은 깍듯이 서열을 나누었으나 굳이 나누지 않았던 위로 두 살 아래로, 두 살 차이는 동무들이었다.

---

1) 지금은 폐교되어 펜션이 들어섰다. 필자는 3회 졸업생이다.

▲ 큰오빠 이옥본 선생님의 이목초등학교 제자들과 함께, 앞줄 맨 앞과 뒷줄은 선생님들이다.

나의 고향인 여수시 화양면 이목면 신기리에 자리한 아늑한 산 아래 자리 잡은 이목초등학교! 운동장 대문 앞, 바로 학교마당이 바다여서 수평선을 바라보며 밀물 때는 수영을 하고 썰물 때는 고동 조개잡이를 했다. 온갖 미물들은 장난감이었으니, 꼬마 손은 항상 바지락을 파고 식구들 반찬 장만해가면 가족들의 환호성은 아이를 늘 신명나게 했다. 잠자리에 들면 조개눈은 살랑살랑 나를 유혹하며 들뜨게 한다. 물이 더 빠지는 날이면 떡조개, 새조개, 키조개, 맛조개, 빤장게 어린아이도 돌만 뒤적거려도 고동게는 쉽게 잡힌다.

지천으로 널린 진질(바다풀)밭은 뽑으면 먹을 수 있었다. 지네 모양으로 생긴 진질은 누구나 한 아름씩 뽑아서 만나는 사람마다 나누어먹을 수 있는 더없이 풍성한 먹을거리였다. 추운 겨울일지라도 깊이 들어가면 물은 이불처럼 따뜻했고, 진질은 깊은 곳에는 더 맛있는 것이 많았다.

담배

친정에서는 담배농사를 지었다. 한여름에 담배 밭에 가면 큰 잎사귀는 시원한 그늘 막이 되어주었다. 담배를 피우는 사람들은 스스로가 세금을 많이 낸다면서 자칭 애국자라 칭한다. 담배 잎은 어쩜 그렇게 탐스러운지 '지금도 농사를 지으면 애국자인 울 짝에게 마음껏 가져다줄 수 있을 텐데.'하는 생각이 든다. 울 친정아버지도 정말 애국자시셨다. 긴 담뱃대 짧은 대로 노랗게 잘 익은 담배 잎을 손으로 부드럽게 비벼서 담뱃대 속에 넣고 맛나게 드신다. 배가 고픈 시절이기도 하지만 그렇게 맛나게 드시곤 했었다.

남편 역시 담뱃값이 오른다고 하니 걱정이 많이 되었나 보다. 조금씩 사서 비축을 해야 한단다. 나는 화를 내며 퉁살을 주었지만, 나중에 가만히 생각해보니 담배를 끊을 것도 아닌 사람에게 그렇게 불친절하게 한 것이 조금 미안한 생각이 들었다.

마침 뚝섬에 있는 방송대 서울지역대학 옆 서점에 갈 일이 있어 갔었는데, 담배가 보인다. 짝이 좋아하는 디스를 물으며 '한

▲ 큰딸 정은의 해성중학교 졸업식 때

보루 줄 수 있나요?'하니 한 값만 줄 수가 있단다. 조금 자존심이 상한다. 그때 벌 쏘듯 쏘아붙여 놓고 한 값만 사다 준다는 게 좀 그러해서 그냥 왔다. 남편이 나보고 하는 말 "다른 여자들은 아내들이 먼저 서둘러서 챙기는데……."라 하였다. 또 화를 낼 수는 없어 어르고 달랬다. 담배를 끊을 사람도 아니고 해서 애국자로 생각하기로 했다.

큰딸의 시아버지인 사돈어른이 자신도 담배를 끊으셨다며 건강도 챙기셔야 한다며 권유를 하지만 막무가내다. 사위도 아이들에게 해로우니 피우지 말라고 해서 끊었단다. 다들 쉽게 잘도 끊는데 그렇게 좋은지 모르겠다. 나는 모임에 가도 절대로 술을 한 모금도 먹지 않고도 분위기는 술 잘 먹는 사람 못지않게 잘도 맞춘다. 어릴 때 집에서 담근 술을 잘도 마셨다. 막걸리를 붓고 서대를 조물조물 해, 꾹 짜 부뚜막에서 잘 익은 식초로 회무침을

▲ 좌로부터 형님네 아이 박지연 박광철, 큰딸 박정은, 둘째 딸 박혜림, 작은딸 박혜미

하면 둘이서 먹다가 한 사람 죽어도 모를 정도로 그 맛을 잊을 수 가 없다. 아마 담배도 그런 맛일까?

휴가 · 1

해마다 팔월 초면 그리운 고향과 어머니 품속 같은 자연을 향해 휴가를 떠난다. 도심을 떠나 한숨을 돌리고 다시 일상으로 돌아오기 위해 재충전을 하는 것이다. 우리는 휴가의 재충전을 통해 또 남은 반년을 위해 열심히 365일을 달려갈 것이다.

해마다 어김없이 휴가철이 찾아온다. 2012년도 엑스포를 할 때 나는 고향 여수를 찾았고, 많은 사람들이 시간을 내어 여수 밤바다를 찾아왔다. 작지만 아름다운 항구도시 여수, 여수에 가서 돈 자랑 하지 말라는 속담이 있듯이 여수는 여유롭고 알찬 도시와 소박한 시골이 어우러진 고장이다.

2016년 여름이 다가오자, 올해는 휴가를 갈까 말까 망설였다. 방송대 국어국문학과 4학년 1학기를 좋은 성적은 아니지만 무사히 마치고 방학기간이라 다녀올까 생각했다.

2012년도 여수엑스포가 열렸을 때는 너무 많은 사람들이 줄을 서서 가고 싶은 곳도 마음대로 둘러보지 못했던 기억이 있다. 가족들과 여러 곳을 편안하게 둘러보았다. 그리고 보트를 타고 동백섬인 오동도를 돌아보는 것은 난생 처음이었다. 아이들과 타보니 신나고 잘했다 싶다. 그런데 여수 밤바다를 즐기기 위해 늦은 시간에 많이 왔는지 줄이 너무 길어 케이블카는 다음 기회로 미루고 다른 곳만 둘러보았다.

자리를 이동하여 지리산 계곡에서 많은 이들과 가족처럼 신나게 물놀이를 하고 있는데 갑자기 하늘이 컴컴해 지더니 소나기가 쏟아졌다. 계곡그늘에서 휴가를 즐기던 가족들은 우산 준비를 못해 온몸으로 소나기를 흠뻑 맞고도 좋은지 손뼉까지 치면서 즐거워했다. 노천사워장이라는 말이 더 어울릴 것 같았다.

▲ 이순신공원(자산공원) 앞에서의 여수시 전망

갑자기 계곡물은 흙탕물이 되고 도로가 주차장으로 변했다. 터널을 지나오니 친정 마당에 고추가 그대로 널려있는데 큰일이라는 새언니 말에 걱정도 되었지만, 한바탕 소나기를 맞고 나니 가슴이 후련해진다.

소나기 덕분에 계곡에서 도망쳐오듯 빠져나와 서울로 향할 수 있어 다

▲ 여수 돌산대교 아래 거북선 앞에서의 가족사진

행이다. 엑스포며 오동도, 이순신 이야기, 이순신 어머니가 살던 곳도 다양하게 돌아 볼 수 있었던 2박3일의 휴가는 참으로 알찼다. 다음에 기회가 되면 케이블카를 타러 또 가보고 싶다.

휴가 · 2

올해는 단양으로 가족여행을 떠났다. 첫 날은 단양의 한 호텔에 짐을 풀고 아이들과 수영장에 먼저 갔다. 휴가의 절정에 많은 여행객들이 계곡 대신 수영장을 찾아왔다. 우리 가족들은 미끄럼틀과 다양한 놀이시설을 즐길 수 있어 좋았다. 노천에서 하늘을 바라보니 패러글라이딩을 타는 풍경들이 여기 저기 떠다닌디.

휴가 첫날, 우리 가족은 차가 밀릴 것을 대비해 일찍 출발한 덕에 시간적인 여유를 가졌다. 준비해간 김밥 덕분에 식사 해결을 하고 나니 오후 3시가 입실이라 실컷 수영을 하고 해도 시간은 충분했다.

숙소에 들어가 수영복 등 젖은 옷을 베란다 11층에 널었다. 비 온 뒤라 파란 하늘풍경은 마음을 편안하게 만들었다. 이렇게 마음껏 하늘을 보는 것이 얼마 만인가? 팔월 초 더위는 절정을 이루지만 자연의 위대함 앞에서는 숙연해지기까지 했다. 큰딸이 가져간 압력솥에 쌀을 씻어 안치고 오징어채를 고추장에 볶고, 파래김무침과 맛소금 뿌려서 구운 김이 차려졌다. 옥상 텃밭에서

▲ 앞줄 왼쪽부터 막내오빠 이병율, 조카 이정현, 이미영, 뒷줄 친정엄마 김명심,

기른 고추를 된장에 찍어먹는 맛은 식사의 완성이었고 진수성찬의 마침표였다.

그렇게 저녁을 먹고 단양팔경을 바라보는 숙소의 야경은 정말 아름다웠다. 우리는 사랑의 하트 조형물 앞에서 기념사진도 찍었다. 밤 조명은 우리를 반갑다고 안아주었다.

다음은 삼봉 정도전 동상이 있는 곳으로 향했다. 단양읍 시장도 구경할 겸 밤나들이는 또 다른 여행의 즐거움을 선사했다.

내 고향인 여수 밤바다와는 비교할 수는 없지만 강이 주는 선물은 또 다른 추억의 한 페이지를 장식케 했다. 드라마에서 정도전, 이성계를 왕위에까지 오르도록 한 공로 등 공부를 하면서 역사 속에서 배운 인물을 현장에서 보고 느낀다는 기분은 묘했다.

도담삼봉 연못이 여행객의 시선을 한몸에 받았고 우리 가족도 그곳을 배경으로 사진 촬영을 했다.

다음 날은 고택으로 가서 민박을 하기로 되어 있었다. 그곳은 퇴계 이황이 난양군수로 부임해서 살던 마을이었다. 입구에 고택 서원이 있고 작은 공원과 냇가가 있어 고즈넉한 시골 풍경이 우리 가족을 반가이 맞이해주었다. 아름다운 기와지붕이 자태를 그대로 유지하고 있었다. 민박주인은 서울에 살다 그 집을 사서 민박을 한다고 했다. 민박을 하면서 받은 수익은 집을 관리하는 곳에 다 쏟아 붓는단다. 작은 수영장도 있었지만 먼저 온 민박 손님이 있어 수영을 할 수가 없었다.

하여 우리 가족은 낚싯대와 다슬기 바구니를 들고 냇가로 향했다. 텐트를 치고 다슬기를 잡고 있는 가족들이 눈에 뜨였다. 팔월 초라 그런지 한적하고 좋았다. 냇물이 너무나 깨끗하다. 우리는 다슬기도 잡고 물에 몸도 담그곤 했다.

큰 손자, 둘째, 셋째는 물총놀이 재미에 빠져 다슬기 잡기나 낚싯대는 별 인기가 없다. 몇 마리 잡은 다슬기는 방생을 해주고 돌아왔다. 저녁 만찬을 즐기고 카페가 있어 옛날 노래도 직접 찾아 즐기고 커피도 직접 내리고 가족의 저녁 카페는 한적함을 더해주는 저녁이었다. 카페를 찾는 사람은 소수여서 가족 파티를 즐겼다.

서원에서 아침 풍경은 상쾌했다. 퇴계 이황이 기너 두향과 다정하게 바라보는 동상을 코믹하게 만들어놓았다. 동상이 있는 공원 양쪽은 모두가 시골 논밭이 있고 냇가가 있어 고즈넉하다. 아침 일찍부터 정적을 깨는 경운기 소리와 빨간 고추를 따는 고추바구니 풍경이 우리 부부의 시선을 붙잡았다.

본격적으로 단양 팔경을 즐기는 시간이다. 땀이 줄줄 흐르는 여름더위에도 단양팔경을 구경하기 위해 걷는다. 강 위에 절경의 다리를 놓아 운치가 있다. 수 없이 걷고 걸으니 한반도 지도가 있는 영월 풍경 사진이 나온다. 여행객들은 그것을 배경으로 동영상 촬영하거나 기념사진을 찍느라 바쁘다.

우리 가족도 기념사진을 찍었다. 고수동굴 구경을 마지막으로 20개가 든 옥수수 한 망을 사들고 차로 올라와 먹으며, 서울로 상경했다.

복

우리 친정어머니는 섬에서 육지로 시집오셨다. 아버지와 백년해로를 약속하신 이후, 알콩달콩 자식 낳고 손자들까지 보고 돌아가셨으니 다행이라 여겨진다. 어머니는 3남1녀 외동딸이었다. 외할머니도 외동딸, 나도 외동딸, 딸이 귀한 집에서 시댁에도 5남1녀이니 딸이 귀한 집에 시집을 온 셈이다. 어머니는 울 큰오빠 고등학교 1학년 때 장가를 들였다. 큰오빠는 첫 손자로 아들 낳고, 둘째부터 내리 딸 셋을 더 보고나서 아들 손자를 보았다. 어머니는 매우 흡족해하셨다.

큰손자는 오십대고 증손자는 삼십대다. 큰손자는 아들딸 원하는 대로 낳아주었고 막내는 딸만 둘이다.

세상사 모든 게 원하고 바라는 대로 된다면 얼마나 좋을까마는 그 또한 하늘이 점지해 준대로 고맙게 받아드리는 것이 순리이고 법칙 일게다.

2016년 8월 초에 휴가 갔을 때 이야기다. 방안을 보니 아들딸들과 첫 손자를 비롯해 가족사진이 온 방을 빙빙 둘러서 액자가

▲ 막내 딸 박혜미의 결혼식 때 가족사진

걸릴 틈이 없을 정도의 사진들이 걸려 있었다. 그런데 큰 아들 가족사진만 당신의 화장대 앞에 놓여 있어서 한 컷 찍어왔던 기억이 있다.

큰딸은 아들 낳고, 딸 둘 낳고 어느 보름날 달맞이 간 날 하늘나라 사람으로 훌훌 떠나버렸다. 그래서 그 자녀들은 둘째이모가 틈틈이 돌봐주었는데 벌써 아들도 딸도 많이 컷을 것으로 여겨진다.

아버지는 이가 튼튼하셨다. 고구마를 낫으로 깎아 잡수시면서 가끔 나에게 주어서 맛나게 먹곤 하였다. 노랑 빨강 각양각색의 모양의 색들이 고구마밭을 수놓으면 보기만 하여도 든든하고 배부르다고 하시던 부모님들의 모습이 필름 돌아가듯 하다.

어머니는 아버지 튼튼한 이가 부러워 돌아가실 때 주고 가라고 하셨지만, 주고받을 수 없는 것이라 안타까운 마음뿐이었을 것이다.

어버이날

오늘은 극장가는 날, 주기철 님을 그린 영화를 보는 날이다. 어린 시절, 동네 앞산과 뒷산이 병풍을 두르듯 한곳에 가설극장이 있었다. 관람료가 없어서 임시로 집을 지어 만든 곳을 쥐구멍 끼어들듯 한 아이들도 있었다.

먹을거리가 풍족하지 않았던 어린 시절, 추억의 영사기를 보던 기억이 아련하다. 그날 하늘에서는 무수한 별이 쏟아지고 있었다. 지금 생각하면 무슨 영화를 보았는지는 잘 기억나지 않으나 아련한 추억들이 물밀듯 밀려온다.

나는 남해에서 살 때 해마다 마늘 농사를 지었다. 나는 아이들이 만들어준 꽃을 가슴에 달고 마늘쫑을 뽑기 위해 들판을 여행삼아 일을 했다. 학교에 갔다 돌아온 아이들도 엄마의 일을 도와함께 해주었다. 물소리 새소리 들리는 공기 맑은 들판에서 콧노래와 함께 해가 동쪽에서 떠서 해질녘 무렵까지 하루 종일 일했다.

저녁이면 낮에 뽑아온 마늘쫑을 다듬느라 밤을 새워야 했다.

새벽이 올 때까지 2키로 2백 정도 여유를 두고 한 단 한 단 곱게곱게 단을 묶어서 공판장으로 수레를 끌고 간다. 잘생기고 긴 단은 높은 등급을 받고 순위대로 성적을 매긴다. 거기서 농사 실력은 나타난다. 소를 키우고 소 밑에서 좋은 거름을 농작물에 준 가정은 마늘쫑도 탐스럽고 거름을 조금씩 아껴서 준 가정은 쫑도 약하고 높은 가격을 받을 수가 없는 것이다.

유년시절에는 우리들이 매일매일 먹고 남은 음식물도 배설물도 다 돈이 되고 먹을거리가 되던 시절이다. 생활형편은 어려웠지만 흙이 주면 주는 대가를 가져올 수 있어서 행복했다. 때문에 큰마음으로 모든 것들을 보듬을 수 있었다. 그래서 그땐 가슴 벅찬 꿈도 넓은 땅도 다 내 것인 듯 바다도 강도 하늘도 공기도 다 내 것이라는 생각을 할 수 있었다. 먹을 것만 있으면 족하던 시절이었다. 호미만 들고 바다로 가면 조개를 캐고 고동도 따올 수 있었다.

올해 상추씨를 뿌려 한철 내내 수확하고 씨를 받아 다음해도 그다음해도 씨를 뿌릴 수 있었다. 늘 이어져오던 재래 품종들이 점점 사라져가는 것을 보면서 안타까운 마음이 든다.

- 2016년 5월 8일. 어버이날 아침 7시 27분에

달리는 세월

이번 금요일에 큰딸네 집엘 불쑥 찾아갔다. 자주 보는 편인데도 늘 보고픈 것은 나이가 들어가는 증거일 게다. 휴가 때 보았는데도 또 보고 싶다. 남편과 아들이 함께 나들이를 했다. 서울 외각으로 가는 것만으로도 마음이 시원하고 흥분되는 나들이다.

사위는 자주 전화를 한다. 한 번 놀러오라는 이야기다. 그렇지만 방송대 국어국문학과에서 늦깎이 공부를 하고 있는 나는 자주 갈 수가 없었다.

불쑥 찾아가니 사위 누나의 귀염둥이 아들을 딸이 잠시 봐주고 있었다. 우리가 가니 낯선 사람들이 나타나니까 아이가 낯을 가리며 울더니 시간이 조금 지나고 나서 나도 남편도 아이한테 부지런히 눈인사를 하고 또 하니 금방 친해졌다. 이젠 안기기도 하고 허리를 잡아주면 아장아장 걷기 연습을 한다. 정말 귀엽고 예쁘다. 처음에 부끄러워하던 아이가 가만히 있지를 않고 기어다니다가 손을 잡아주면 달리기를 하듯 이리저리 안내를 한다. 뭐가 그리 궁금한 게 많은지 신기한 것도 많은 아기다.

▲ 큰딸 박정은, 사위 임승준, 막내딸 박혜미

요즘 한창 이유식을 하는 중인지 우유를 조금 먹더니 스르르 잠을 잔다. 얼마 지나 선잠에서 깨더니 운다. 기저귀를 보니 젖어있다. 기저귀 빼고 시원하게 그냥 그대로 두었더니 실례를 한다. 기저귀를 하나 번 셈이다.

우리 아이들 키울 때 만해도 면기저귀를 푹푹 삶아서 햇볕에 잘 말려서 고슬고슬하게 채워주고 했는데, 젖은 기저귀를 차고 자려니 얼마나 불편할까 하는 맘도 들었다. 다시 기저귀를 채우고 엄마에게 데려가 이유식을 먹이는데 잘도 받아먹는다.

입맛에 우유가 아닌 이유식이 딱 맞나 보다. 아이는 방긋방긋 웃음을 웃어준다. 보는 나에게 화답이라도 하듯 기분이 좋은 만찬을 즐긴다.

우리는 아이와 헤어지고 해질 무렵 임진각으로 갔다. 많은 사람들이 모여 있어서 사람 틈을 파고 들어갔다. 마당놀이가 진행 중이었다. 북측 사람들은 분단된 강을 사이에 두고 망원경으로 바라보는 남한의 풍경들이 부러울 것 같다. 무심한 철책선이 허물러질 날만 손꼽아 기다린다.

나만의 문제이겠는가? 우리 아이들도 어서어서 시집 장가가서 자녀들도 쑥쑥 낳아 대를 이어가기를 소망한다.

어린 시절엔 누구집이나 자녀들이 많았다. 그렇지만 자신이 먹을 것은 가지고 태어난다고 하던 어른들의 말이 생각난다. 위로의 말이었을지는 모르지만 부모님들은 늘 그렇게 말씀 하셔서 자녀가 많아도 걱정이 없었는데, 요즘에는 하나만 낳는 추세고, 둘 셋이 많은 편이라고 생각하는 사회분위기가 안타깝다.

시누이와 새언니

장자리마을에서 가마를 타고 시집온 우리 큰새언니는 우리 집의 대들보다. 긴 머리 미모의 새언니는 시아버지의 눈에 띄어 어른들과의 혼담으로 이어졌다. 김해김씨 가문의 딸이다. 어머니도 김해김씨라 시아버지 마음에 들었던 것 같다. 그리하여 전주이씨 가문과 김해김씨 가문은 한 가족이 되었다. 아버지는 차남이었다. 우리 집은 겉보기는 단출해 보였고 핵가족으로 보였을 수도 있다. 그렇지만 대대로 내려오는 종손은 아니라 할지라도 형제가 남자 셋에 양념 딸인 시누이가 하나 있었으니 대가족이라 할 수 있다. 시누이가 착하기는 하지만 그래도 시누이는 시누이였으니 시집살이가 힘들었을 것 같다.

둘째오빠는 고등교육만 받고 아버지를 따라 농사를 지었다. 큰오빠가 장자이고 그 집안의 모든 대소사를 관장해야 했다. 농사를 천직으로 알았고 큰새언니는 이를 이어받아 사남매를 주관해 주었으니 감사하다. 큰새언니는 슬하에 2남 4녀를 건사하고 비탈진 곳으로 오르내리며 고구마, 보리, 잡곡, 무, 온갖 먹을거리를 다 충당했다.

모두 아버지가 산을 일구어 밭을 만든 땅이다. 땅의 사연도 무궁무진하다. 일생을 땅하고 사셨으니 말이다.

새언니는 시집을 보낸 시누이를 딸처럼 늘 돌봐주셨다. 그런 사이는 아직까지 유지되고 있다. 작년에도 고추장을 맛나게 담아 보내주셔서 우리큰딸 시댁 시누이들까지 나누어 먹었다. 올해도 고춧가루며 고추장을 담가주마 하고 약속을 하셨다.

새언니는 나이 탓도 있지만 오랜 노동에 몸이 많이 아파있다. 내 가슴을 늘 짓누른다. 하지만 새언니는 늘 웃음으로 하답하신다. 아프지만 아프지 않은 척하는 언니가 엄마처럼 강인한 인내력으로 모두를 위해 헌신적으로 살아오신데 대해 감사드린다. 눈물겹도록 아름다운 삶이라고 말씀드리고 싶다.

처음에 고추장을 담가줄 때는 아무런 생각 없이 받아먹었다. 그런데 지금 생각해보니 고추장에는 고추장보다 진한 정이 들어있었다. 올해도 고추장과 고춧가루를 기다렸다. 사부인이 배추를 잘 길러 늦은 밤에 보내오셨다. 김장을 하려다가 고춧가루가 없다는 것을 그때 알게 되었다. 부랴부랴 딸네 집 고춧가루와 우리 것을 보태서 김장을 담그게 되었다. 그 바람에 김치를 담그다가 고춧가루가 모자라 백김치 모양이 되었던 기억이 새롭다.

나는 아직도 새언니와 끈끈한 정을 이어가고픈 시누이다. 받아먹어서가 아니라 이젠 새언니가 고맙고 감사하다. 우리의 사연들이 언제 보따리를 다 풀릴 런지 아직 감감하다. 천천히 실타래 풀 듯 풀어가려고 한다.

선물(先物)

주는 이도 받는 이도 설레는 것은 무엇일까? 지수의 생일이다. 하여 아침 일찍이 일어나 부산을 떨었다. 그런데 우리 서방님은 아침밥을 차려주기를 원한다. 나는 그럴 여유가 없어서 못 들은 척 하고 아이들이 좋아할 계란말이를 했다. 햄에 달걀 옷 입혀 굽고 미니만두, 미니돈가스를 은근한 불에 고소하게 구워 반찬통 세 개에 담고 김자반 볶음을 기획 상품이라 두 개 사온 반찬통에 담는 등 정성을 들여 교회 생일잔치를 준비해 갔다.

전날 남편에게 하나로 마트를 함께 가자고 하니 다른 때와 다르게 흔쾌히 같이 가주었다. 마트에서 낙지양념주물럭을 한 팩 사고, 두부 한 모와 계란 한 판, 그리고 김을 샀다. 남편은 자신이 좋아하는 삼겹살 한 팩을 골랐다. 우리는 해물코너로 가서 멍게, 멸치, 손질해놓은 병어회, 돈가스, 미니만두, 계란 한 판 등 시장을 보았다. 돌아와서 하루 종일 한 끼를 한 탓에 배가 고팠다. 우선 손질해놓은 병어회를 된장에 찍어 먹고 남편은 초고추장에 찍어먹었다. 시장해서 그랬는지 맛이 있었다. 한 끼 식사가 세 끼를 대신해준다.

남편은 아침에 부산을 떠는 것을 보고 가족의 식사를 준비 하는 줄 알았나 보다. 전날에 시장 본 것들을 상상하며 기다린 모양이다. 일요일 아침이면 나는 늘 식사 준비를 하지 않는다. 교회 가는 것만 해도 바쁜 일정이기 때문이다. 처음 서울 왔을 때는 내가 교회 같이 가자고 하면 어쩌다 같이 가기도 했는데, 요즘에는 통 나갈 생각을 하지 않는다. 하지만 믿음이란 스스로 결정 하는 것이라 강요한다고 되는 것이 아니기에 그냥 혼자 간다.

어제는 마음이 바빴다. 철원에서 출석수업을 받으러온다는 인사말을 보았던 기억이 나, 9시 예배가 끝나고 나서야 문자를 했다. 서울에 오면 문자를 해달라고 하고 나서 11시에 아이들과 예배를 드리고 생일잔치 상을 준비를 했다.

케이크, 요구르트, 선물, 간식, 선물, 밥은 여선교회에서 준비한 것을 쓰기로 했다. 게다가 백설기 떡, 돼지 주물럭, 아욱국을 더 준비하니 다른 때와 다르게 푸짐한 생일상이 된 셈이다. 아이들은 돈가스, 햄, 계란말이, 만두만 잘 먹었고 잘 마쳤다. 참고로 주인공의 선물은 둥글게 생긴 지갑이었다.

헌데 문제가 생겼다. 전에 주고 남아 있어서 당연히 필요할 것이라는 마음에서 선물로 주었는데 그 자리에서 선물을 형이 뜯어보고서 선생님 '여자 지갑이네요'라고 한다. 지갑에 여자 그림이 그려져 있었다. 지갑을 땅에다가 던지는 바람에 요구르트가 내 머리에 튀고 아수라장이 되었다. 준비한 교사는 "미안해! 다음에 더 좋은 것으로 준비해줄게."라고 해도 이미 생일을 맞은 사람은 마음이 상해버렸다. 다른 교사가 와서 잘못을 지적하고 다독이고 나서야 해결이 됐다.

아무튼 무사히 생일잔치를 마치고 집으로와 이것저것 도시락에 담아가지고 철원에서 오는 학우에게 전화를 했다. 출석 수업을 받을 시간이 다 되어가 마음이 급해서 달려갔는데……, 얼굴을 보고 올 수 있어서 다행이다.

초하루

작년 2018년 정월 초하루엔 아이들과 같이 병무청이 있는 곳으로 이사 간 형님네 집을 다녀왔다. 형님네는 시부모님의 유일한 혈족이다. 송파 방이동에서 아이들 키우며 오래도록 살던 고향 같은 곳을 떠나야했던 형님네다.

형님은 소규모 사업으로 충주에서 생활하며 서울로 오가는 형편이다. 남매를 모두 출가시키고 손주들까지 보았으니 형님은 할 도리를 다했다 해도 맞을 것 같다. 그러나 건강상태가 젊은 시절처럼 활기가 넘치지는 못하나 보다.

5남 1녀의 형제 중에 유일하게 오래도록 오가며 서로를 아껴주며 챙겨주던 형님도 건강 앞에서는 장사 없다는 말이 적용되는 것 같아 마음이 아프다. 내년에는 힘들게 찾아오지 않아도 된다고 해서 나는 그 말이 많이 서운했지만 그 또한 몸이 귀찮고, 먼 거리를 오는 우리를 생각해 하신 순리적인 말씀이라 생각하니 이해가 간다. 그래서 올해는 설명절에 가지 않게 돼 맘도 몸도 편하기는 했지만 뭔가 하나 잃어버린 것처럼 허전했다.

▲ 부산 용두산공원에서 이병율 막내오빠와 이옥순

큰딸이 허리가 아파서 사위랑 아이들을 데리고 우리 집으로 바로 온다고 한다. 늘 형님네를 들려서 우리 집으로 와야 했었는데, 바루 오니 홀가분한 모양이다.

올해는 우리 가족만 뭉쳐도 10명이나 된다. 단출하기도 하고 오붓하기도 하다.

그렇지만 갑자기 우리부부가 제일 윗세대가 된 듯한 해, 그런 책임감 같은 것이 조금 낯선 풍경이지만 나름대로 좋았다. 우리 부부가 세배를 받고 다음 순서대로 세배를 주고받는 모습도 보기 좋았다.

우리 부부는 떡국을 먹어야 한 살 더 먹는다는 어른들의 말을 그대로 전했다. 둘째딸이 연극표 두 장이 있다고 했다. 우리는 둘째딸 덕분에 가족여행이라도 하듯 연극을 보러 갔다. 아이들은 연극을 보고 우리는 그동안에 커피숍으로 갔다. 우리부부는 낙산 공원에서 데이트를 즐기고 돌아오니 연극을 보고 나온 아이들이 경복궁 구경을 가자고 한다.

경복궁은 많은 이들이 줄을 지어 순서를 기다리고 있다. 무료로 개방하는 곳을 둘러보고 다시 표를 사서 고궁을 구경하며 사진을 찍었다. 궁궐의 방에도 들어가 보았다. 설이라 배려를 했는지 따뜻하게 온돌도 지펴놓아서 들어가 보았는데, 우리네 시골댁에 어른들에게 세배하러 갔던 풍경을 떠올랐다. 외국인들이 우리 고유의 명절을 함께 즐기는 모습이 보기 좋다.

특별히 한복을 입은 사람들이 많이 눈에 띄어서 물어보니 한복을 입은 사람들은 무료입장이란다. 진즉에 알았더라면 우리도 한복을 빌려 입고 들어올 텐데 하는 생각에 조금 아쉽기는 했지만 그래도 좋다. 막내딸에게 사진을 찍어달라는 일본인이 있었다. 우리 부부가 경주 신혼여행 갔을 때 일본에서 온 여행객인 듯한 사람이 내가 한복을 입은 모습이 외국인의 눈에는 우리나라의 상징으로 보였는지 함께 사진을 찍었던 추억이 밀려왔다. 연인인 듯한 그 커플과 우리 부부가 함께 찍은 사진에는 노인이 그늘 나무 밑에서 쉬고 있는 배경이 찍혀 있었다. 그 일본 사람들이 함께 찍은 사진과 함께 일본 시장의 모습과 잡지 책자도 보내주었던 기억이 필름을 돌리듯 지나갔다. 한번 기회가 되면 만나

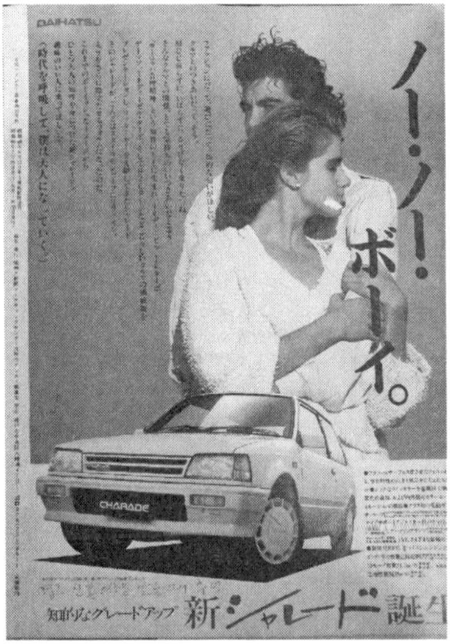

▲ 경주로 신혼여행 때 일본 관광객이 찍어준 사진이 실린 일본 잡지의 표지와 기사

감사하다고 인사를 전하고 싶다.

아무튼 형님 배려 덕분에 올해는 또 다른 경험을 할 수 있었다. 특별한 설, 특별한 새해의 시작을 보낼 수 있어서 좋았다.

단양

팔월을 시작으로 휴가는 절정에 이르고 있다. 많은 사람들이 휴가를 떠난다. 우리 가족도 2박3일 일정으로 단양팔경으로 여행을 떠났다. 고수동굴과 퇴계 이황이 단양군수로 부임해서 살았던 곳 등, 읍에서 가까운 여러 곳을 다녀왔다. 특별히 도담삼봉 연못에 있는 정도전의 동상도 보았는데 우리 역사의 현장을 보는 듯하여 새로운 마음이었고, 참으로 야경이 아름다운 풍경이었다.

방송대학교 공부를 하면서 배우고, 드라마를 통해서 보고 들은 역사를 한눈으로 볼 수 있었다. 이웃나라 일본은 우리의 역사를 두고 흑색선전으로 연일 보도하는 것을 보면서 마음은 편하지 않았다. 역사를 잊은 민족에게 미래는 없다는 말을 일본사람들은 정말 모르는 것일까? 독도를 자기네 땅이라고 거짓말을 가르치는 일본사람들이 안타깝다.

영월의 한반도지형을 보러 갔다. 자연이 만들어낸 풍경을 사진 속에 담으면서 만감이 교차를 했다. 한반도지형에는 철조망도 이념도 보이지 않았다. 지척에 부모 형제를 두고 눈물로 밤을 보내다 돌아가신 부모 형제들, 이제 이산가족이 된 지 백년을 바라보는 시점이다. 이제는 이념을 떠나 무조건 만나야 한다.

민박집 고택에서 본 다산 정약용 책을 보게 되었다. 다산 정약용이 윤선도의 후손이라는 것도 알게 되고 황희 정승 등에 관한 여러 가지 책이 있어 읽어 보았다. 책이란 고전과 현대사를 보는 거울과 같은 것이라는 것도 깨달음을 안고 돌아왔다.

단양호텔에서 하룻밤을 머물면서 풀장에서 아이들과 즐기고 수영도 어릴 때 바다와 냇가가 연결되어 친구들과 땀을 식히러 갔다가 어렸을 때 배운 개헤엄의 실력이 아직 녹슬지 않았다는 생각도 해보았다.

여행이란 일상에서 잠시 벗어나 자연이 얼마나 고마운지 느끼는 시간이다. 이번 휴가 일정이 우리 교회에서 중고등부 수련회 일정과 같은 날이라 결정하기가 쉽지 않았지만 가족이 우선이라 가족과 같이 가기로 정했다. 중고등부는 섬으로 가서 바다에서 수영하는 모습들이 카톡으로 올라오는 풍경을 보고 조금 아쉽기도 했다.

옥수수 철이라 막내딸은 '찰옥수수는 서울에서 먹던 맛과 다르다'고 한다. 외가에 갔을 때 안부도 물어볼 겸해서 옥수수가 먹고 싶다고 해서 새언니께 전화를 했다. "이번에 남부 지방에는 비가 많이 왔다고 뉴스에서 방송을 하던데 어때요?"하니 "한편으로는 좋은데."라면서 "지금 막 막내가 와서 저녁밥을 먹으려던

▲ 신혼여행 가기 전 남해대교 및 바다를 배경으로 한 컷

참이야."이라며 "요즘 옥수수가 나는 철이기는 하지만 이곳 산지에 와서 먹어야 그 맛을 느낄 수 있어."라는 말에 느낌이 왔다. "외숙모가 담근 고추장이 맛이 있어 잘 먹고 있어요"고 하며 "올해는 고추를 좀 심으셨는지요?"라고 여쭈니 '많이는 못 심고 조금 심었어.'라고 하신다. "긴 이야기는 다음에 하고 어서 저녁 잡수셔요."하고 말을 마무리를 했다.

그렇게 단양에서 이틀 밤을 보내고 돌아왔다. 고택에 카페도 있어 옛날노래를 들을 수 있는 공간도 만들어놓아 저녁 파티를 하는 기분이 들었다. 우리 부부는 아침 일찍 마을을 돌면서 시골 풍경도 즐기고 맑은 공기도 마시곤 했다. 바쁜 농부의 일하는 모습도 좋았고 경운기 소리도 정겨운 풍경이었다.

어머니 겨울나기

어머니는 겨울이 되면 목화솜을 고르고 물레질하기에 여념이 없다. 낮에는 식구들 먹을거리며 음식을 준비하고, 저녁을 먹고 나면 본격적으로 물레질하기에 들어간다.

막내딸이자 외동딸인 나는 엄니의 무릎을 베게 삼아 물레 돌리는 소리가 자장가가 되어 스르르 잠이 들곤 하였다. 한참을 자고나도 어머니의 물레는 쉬지 않고 돌고 있었다.

물레질을 하다보면 어느새 추위를 잊은 듯 항상 활기가 넘치고 분주하다. 실을 뽑아놓은 함지박은 본격적으로 베틀에 들어갈 준비를 한다. 다음은 한산모시도 마당에 장작불 지핀 불씨를 모아 길게 틀 모양을 깔고 불 위에는 풀을 쑤어 실을 늘여 한 올 한 올 엮어서 베틀에서 옷을 만들 준비를 한다.

하루 온종일 솔잎으로 만든 솔로 불씨 위에서 왔다갔다 율동을 하며 솔질을 하고 또 하다보면 모시옷을 만들기 위해 모시를 손질해서 엮은 것이, 불씨의 도움으로 솔잎과 함께 춤을 추어 드디어 베틀에 올려진다. 베틀에 한 올 한 올 엮어서 베틀이 완성

▲ 친정엄마의 생신 때 전남 여천군 화양면 이목리 신기마을 어르신들, 맨 오른쪽 이 친정엄마 김명심 여사.

되면 북집에 실을 달아 양 손으로 주거니 받거니 한다. 수없이 주거니 받거니 해야 한 눈금씩 모시옷도 무명옷도 탄생한다. 아버지의 바지저고리와 엄니의 속옷 고쟁이, 저고리, 치마 등과 두루마기, 버선 등 온 가족의 요술 옷들이 탄생한다.

여름엔 먹을 것을 만드시고 겨울에는 옷을 만드시는 어머니의 겨울나기는 여름보다 바쁘다.

크리스마스를 기다리며

부모님과 살아오는 여정 속으로 들어가 본다. 매일 새벽이면 어머니는 조상님께 드리는 기도가 있었다. 첫 새벽, 아무도 깨지 않고 모두들 잠든 시간에 뒤란 장독대에 물 한 그릇 놓고 기도하던 어매 모습이 그것이다. 나중에 교회에 다니시고 권찰이 되셨다.

아버지는 겨우내 가마니를 짜셨다. 풍년을 기원하며 멍석을 짜 마당에 펴놓고 대견해하시던 모습이 눈에 선하다. 우리는 멍석 위에 뒹굴며 좋아했다. 가족의 생계를 책임져야 했던 아버지는 정월대보름만 지나면 날이 조금 쌀쌀하고 춥지만 거름을 고르고 똥장군으로 거름 낼 준비를 하셨다. 온 가족이 배설해놓은 소변과 대변을 볏짚이나 소두엄을 섞어 백설기 속을 넣듯 켜켜이 만드는 것이다. 소의 양식으로 볏단을 하나씩 주기도 하고 이불처럼 깔아 뽀송뽀송 만들어주면 소는 먹고 자고 대소변 잘 섞어놓는다.

가족들의 대소변은 우리 농사의 중요한 밑거름이었다. 소도 우리 가족의 일원이었다. 볏짚을 잘 깔아주면 소가 흐뭇해한다. 소도 뽀송뽀송한 이불을 좋아하는 모양이다.

그렇게 겨울을 나고 보름을 맞이하고 나서 봄맞이 지신밟기를 하며 넓은 들로 나가 두엄을 밭에도 뿌리고 논에도 뿌려주며 땅에게 보약을 조금씩 나누어주는 것이다.

소에 멍에를 얹어 밭을 쟁기로 갈아엎어 이랑을 만든다. 논은 볍씨를 잘 골라 큰 항아리에 불려서 싹이 잘 나도록 준비해두었던 것을 떡가루 뿌리듯 뿌려서 모판을 만든다.

날이 풀리고 따뜻한 봄이 오면 모든 만물이 소생하고 그들과 함께 풀처럼 잘 자란다. 쑥, 냉이 등 온갖 미물들이 기지개를 펴며 올해도 잘 자라 보답할 것을 알린다.

여름이면 마당에 멍석을 펴놓고 근처에 모깃불을 피웠다. 온 식구가 한 상에 둘러앉아 팥죽, 보리밥, 수제비를 먹던 추억은 아무리 생각해도 배부르다.

농한기 여름이면 산에 있는 청솔가지의 잔가지를 잘라두어 말린다. 잔가지가 마르면 아궁이에 불을 지피고 장작은 잘라 차곡차곡 준비해두면 급할 때 요긴하게 쓸 수 있는 것이다.

우리들은 불쏘시개를 준비하기 위해 친구들과 솔방울을 따고 줍고 갈퀴로 노란 갈잎이나 솔잎들을 긁어오기도 했다.

둘째 오라버니와 신나게 솔잎을 긁어모아 단을 잘 만들어 지게에 지고, 누이동생은 머리에 이곤 했다. 오라버니의 바소

KNOU BOOK

쿠리는 오라버니의 키를 훌쩍 넘어 하늘을 솟고, 누이동생은 머리에 이었던 솔잎단이 무거워 개미처럼 질질 끌고 고개를 넘어 산길을 따라 봉오동 재를 넘다보면 집 옆 밭이 나오고, 우리는 그때야 안도의 한숨을 쉬곤 했다.

어디 나무만 이고지고 했겠는가! 아버지가 일구어놓으신 밭에서 감자, 고구마도 이고 지고 날라야 했고, 밭이 철따라 보물 쏟아놓듯 토해내면 우리는 모두 이고지고 나른다. 웃재 밭에 고구마는 노랑, 하양, 분홍, 불그죽죽한 색 등 다양한 색깔을 만들어 낸다. 보리를 수확하고 나서 구마를 심는다.

밭의 그 힘의 원천은 아버지가 소와 궁합을 이뤄 만들어낸 거름 보약을 주었기 때문에 가능한 일이었다.

2부

이생의 연인들

알곡들

학우들의 옷차림이 형형색색이 조화를 이루고 있다. 선배도 후배도 한마음이 되어 학술제를 준비했으리라. 전국에서 모여든 우리 한국방송통신대학교 국어국문학과 동문들의 특별한 만남을 볼 수가 있어서 뿌듯했고 벅찼다. 우리 학교의 특성상 방송강의로 공부를 하다 보니 여러 교수님들을 볼 수 있는 기회가 적은 탓에 교수님과 학우님들이 이렇게 반가운 것이기도 하다.

조남철 교수님은 이효석 작가에 대하여 특강을 하셨다. 알지 못했던 부분까지 자세히 예를 들어가며 열정을 다해 강의해주시는 모습은 감동스러웠다.

이어서 교수님들의 입장과 동시에 다채로운 식순의 행사를 마쳤다. 학우님들은 삼삼오오 모여 기념 촬영을 하고, 특히 교수님들을 붙들고 한동안 나오지 않는다. 떼를 쓰는 어린아이들의 모습이 연상되었고 나도 한몫했었다 이상진 교수님이 옆을 지나가는 모습을 포착하여 함께 사진 한 장을 찍었다.

모든 행사를 마치고 늦은 시간인데도 교수님들은 상담으로 밤을 지새우셨다. 피곤하실 텐데도 한 팀 한 팀 정성을 다해 노하우를 알려주시는 열의가 가슴을 뭉클하게 한다. 교수님과의 교우에 목말라 있던 학우들의 눈동자는 별처럼 초롱초롱하여 빛나고 있었다. 한숨이나 수무셨는지 온 마음을 다해 상담해주시는 모습은 진실로 감사하고 감동스럽다. 강의 때와 또 다른 면모를 볼 수가 있어서 나 또한 흐뭇했다. 욕심을 부리지 말라고 신신당부를 하시는 모습이 물가에 놓은 아이들을 염려하는 마음이셨다.

학점도 중요하지만 더 중요한 것은 대학생이란 생각이 크고 큰마음이라며 큰 사람이 되기를 당부하는 조남철 교수님의 말씀에 감사드린다. 퇴직이 몇 년 남지 않으셨다고 하시면서 '퇴직 후에 조선족을 위해 일하고 싶어 준비를 하고 있다'는 말이 나에게 작은 감동으로 다가왔다. 꿈이란 꾸면 꿀수록 현실로 다가 온다는 것을 알게 되었다.

전국적으로 흩어져 있는 학우들이긴 하지만 마음이 하나 되어 어울리다 보니 '뭉치면 살고 흩어지면 죽는다'는 말도 떠올랐다. 내년에는 광주에서 전국학술제를 주관한다고 한다.

올해 학술제가 '메밀꽃 필 무렵에' 할 계획이었으나 메르스로 인해 연기되는 바람에 메밀이 알곡으로 꽉꽉 채워졌다. 때문에 들판이 메밀꽃이 아닌 메밀국수, 메밀전병으로 채워져 있었고, 덕분에 우리들은 맛있는 음식을 먹을 수 있었다. 아마도 우리들을 대접하고자 하는 하늘에 계시가 있지 않았나 하는 생각이 들었다. 귀한 이효석이란 작가 덕분에 봉평이 유명해지고 관광지가 되었다고 생각하니 한 작가의 탄생이 얼마나 중요한가를 생각게 한다. 메밀의 향기와 농민의 아들의 정신을 이어주는 이효석 작가의 '메밀꽃 필 무렵'의 자산 가치를 생각해보게 한다.

처음 입학할 때는 설레는 마음으로 학교에 들어왔었지만 고된 공부에 힘이 들었는데 이런 학술제가 있어 행복했다. 처음 참석한 학술제에서 많은 추억과 사랑을 담고 돌아올 수 있어 행복하다. 내년에도 참석하고 싶다.

연결고리

지난 10월 22일은 내가 속해있는 한국방송통신대학교 국어국문학과 스터디그룹의 하나인 '수용미학회'의 호프데이가 있는 날이고, 오늘 11월 5일은 국어국문학과 서울지역학생회의 호프데이 겸 통문제가 있는 날이다. 통문제는 국어국문학과 학우들이 쓴 작품을 심사해 시상식을 하는 축제다.

4학년인 나는 마지막 통문 행사가 열리게 되는 날이라 덤덤한 모습이지만, 새내기들은 얼마나 흥분되고 설렐까 하는 마음이 든다. 오늘같이 성대하게 행사를 할 수 있는 것은 보이지 않은 곳에서 묵묵히 수고하고 그 짐을 대신 짊어지고 가는 이들이 있어 이루어진 것이라고 여겨진다. 학생회 임원들은 부모의 마음으로 봉사했을 것이고 형제와 이웃, 나아가 세계를 아우르는 큰마음들이 모여서 하나의 장으로 펼쳐졌을 것이란 생각을 하니 수고한 사람들의 손길에 축복의 감사를 드리고 싶어진다. 지성인들이 모인 이곳은 정말 지성의 전당이라 여겨진다.

어느 대학도 마찬가지이겠지만 수많은 어려움 속에서 꿈을 이

▲ 졸업사진

뤄가는 사람들이 좋다. 사람이 동물과 다르다는 것은 꿈을 가지기 때문이라고 한다. 이성과 세상을 바로 보는 관점들이 모인 이곳이기에 더 흥분되고 설렌다. 그 뜨거운 마음이 불길처럼 타올라 이곳에 있으리라. 나 또한 지성인이고 싶고 그러기를 자처한다. 졸업반이긴 하지만 진정한 졸업은 언제일지 모른다. 그렇지만 기필코 졸업을 하리라 마음먹는다. 이왕에 공부하러 왔으니 결실이 맺는 알곡으로 뿌리내리고 싶다. 사람일이란 한 치의 앞을 모르지만 묵묵히 성실하게 자신이 선 자리에서 최선의 노력을 다하다 보면 행복은 살며시 찾아와줄 것이다.

4학년이 마지막이 아니라, 동문이 되어서도 자신이 선 그 자리를 묵묵히 지키며 후배들을 도와주는 나이고 싶다. 그런 자그마한 소망을 보자기에 돌돌 말아 등에 지고 다니다가 훗날 보물을 하나씩 하나씩 꺼내 보며 미소를 지을 것이다.

여러 이야기들을 모아 책보따리로 풀 그날이 언제일 런지는 모르지만 열심히 글을 써갈 것이다.

▲ 졸업사진

통문제, 어울림 마당에 참여한 모든 학우님들의 행운을 빌어 보면서…….

현충원

현충일은 큰딸의 결혼기념일이다.

어제는 국어국문학과 3학년 동기들과 현충원에 다녀왔다. 돌아오는 길에 대학로 한국방송통신대학교 건너편에 있는 함춘회관에서 스터디 비평 공부를 했다. 마구 뛰어 도착했지만 아슬아슬 하게도 조금은 늦은 시간에 도착했다.

현충원은 3학년 동기의 권유로 가게 되었다. 평소에 가보고 싶다는 생각은 하고는 있었지만 혼자 간다는 것이 쉽지 않았다. 요즘 외워야 하는 학교과제 때문에 망설이다가 지인에게 "함께 가지 않겠느냐?"고 문자를 보냈다. 혼자 갈까 말까 망설이다가 먼저 갈 뜻이 있는 듯하여 물어보았는데, 못 간다는 말이 돌아왔다.

나는 마음먹은 일은 꼭 해야만 하는 똥고집 같은 것이 있다. 그래서 혼자 가기로 마음먹었다. 동작동역에서 내려서 물어물어 찾아가니 정문에는 군인이 근무를 서고 있었다. 현충관은 저쪽이라고 알려줘서 다행히 찾아갔다. 많은 학생과 일반인들이 보였다.

무사히 현충일 행사에 참석을 하고 식이 끝나고 밖으로 나오려 하는데 어디서 본 듯한 사람들이 보인다. 너무 반가웠다. 3학년 학우들이다. 반갑게 인사를 나누고 우리는 현충원 뜰을 둘러보았다. 사람들은 삼삼오오 짝을 지어 자신들이 좋아하는 벤치며 풀밭으로 찾아들었다.

우리 일행도 작은 호수가 보이는 그늘이 있는 벤치에 앉았다. 빙 둘러앉아서 구경하고 맡은 과제를 풀었다. 대학생이 아니면 이런 과제를 할 수 있을까 하는 생각에 공부를 하기 잘 했다는 생각이 든다. 한 학우님이 해남에서 가져온 쑥개떡이라며 나눠주었다. 보약을 얻어먹는 마음이었다.

마치고 돌아오던 전철에서 수용미학회에서 비평하는 날이라는 생각이 머리를 스쳐간다. 나는 일행을 두고 갈 수가 없어 물어보았고 쑥떡을 준 학우는 다른 약속이 있다고 하더니 약속을 취소하고 함께 가겠다고 한다. 나는 노인석에 있다가 자리를 잠시 옮겼는데, 그는 우리가 보이지 않으니 혼자서 중간에 내려버렸다. 둘이는 먼저 혜화역에 도착을 했고 5-1에서 만나자고 하고 우리는 셋이 다시 합류를 했다. 그러다 보니 조금 늦어 미안했지만 문을-짝 열어주는 배려로 참석을 했고 전형철 교수님은 '시를 어떻게 쓸 것인가'에 대하여 재미나게 강의를 해주셨다. 시강의를 들을 수 있어 또한 좋았고 오랜만에 반가운 얼굴들을 볼 수가 있어 좋았다. 맛있는 찰쑥떡의 맛을 느끼며 지금 우리 학우들이 찰

쑥떡 같이 건강에 도움을 주며 추억을 만들어주는 사이란 생각을 해본다.

고별여행

누구나 세상에 나올 때는 부모의 사랑을 듬뿍 받고 태어난다. 2019년 팔월 한가위를 앞두고 달달한 여행을 떠났다. 한국방송통신대학교를 들어와 인생 2막의 연극이 시작되고 많은 인연들을 품고 살아오면서 내 마음속에 응어리진 모든 사연들을 하나하나 쏟아놓고 풀어가는 중이다. 학술제 때 갔던 여행과는 또 다른 의미를 가지고 여행에 임한다. 미리 신청을 못해 갈 수 있을까 하는 걱정으로 문을 두드렸다.

전국적으로 태풍이 온다며 안전을 조심하라는 재난 문자가 뜨지만 하늘에 맡긴다. 전날 밤, 활활 타는 꿈을 꾸었다. 선인들의 말을 빌리자면 활활 타는 것은 좋은 꿈이라고 들은 것 같아서 훌훌 털어버리고 여행에 임한다. 다행히도 태풍 '링링'의 영향으로 못가는 학우들이 생겨 그 자리를 대신해 행운을 얻은 셈이다. 갈 수 있다는 것만으로도 흥분되고 설레었다. 박태상 교수님의 정년을 앞두고 가는 의미 깊은 여행이라는 말을 들었다. 영사모도 들

▲ 박태상 교수님과 함께

어서 영화도 보고 추억이 있지만 다른 학우들처럼 봉사며 다양한 활동을 즐기지 못했지만, 맛은 조금씩 보면서 늦깎이 학창시절을 보낼 수 있어 나름대로 알차게 보내고 있다고 자부한다. 꿈은 현재진행형이다.

드디어 여행은 시작되고 노원 중계동에 사는 학우, 용산에 사는 학우, 성남에 사는 학우들과 갈 수 있을지 새벽부터 카톡으로 연락을 했다.

노원에 사는 학우는 필십을 바라보는 데도 여러 활동을 하며 즐기는 학우다. 양재역에서 타고 가기로 했는데 갑자기 내가 간다고 해서 혜화동 본교 앞에서 출발하는 차로 간다며 거기서 만나기로 하고 부지런히 챙겨서 나갔다. 미아역에서 조금 기다리니 뒤따라 들어오고 일곱 시가 조금 넘어 약간 불안하지만 용산에 사는 학우 동기가 일곱 시 십 분까지 오라고 했는데 어쩌지 하면서 이른 시간이라 전철도 한가해서 순조롭게 혜화동에 도착했다. 미아역에서 출발하는데 노원에 사는 학우가 당신은 벌써 왔다고 빨리 오란다. "네, 방송대 앞 카페 의자에 앉아 계세요."하니 앉아 있을 시간이 없고 차는 이미 와서 대기 중이니 기다리고 있단다. 2호차에 자리를 잡고 있으니 어서 오란다. "네, 알겠습니다."라며 달려갔다. 혜화동에 도착해서 낙산공원 쪽을 바라보며 사진을 한 장 찍었다. 마침 뒤따라오던 한 학우는 다른 학우들과 전화를 하는지 아마도 여행가는 듯해서 살짝 불안한 마음이 사라졌다. 내가 사진을 찍는 동안 앞서서 갔다. 영화를 사랑하는 모임이라고 광고를 많이 했던 학우로 기억한다.

시간 딱 맞추어서 온 듯해서 다행이다. 재학생은 2호차에 타고, 동문들은 1호차에 나누어 탔다. 성남에 사는 학우는 양재역에서 탄다며 혜화역에서 먼저 타고 오란다. 용산에 사는 학우가 와서 자리를 앞자리에 앉아 있으면서 옆자리로 오란다. 하지만 팔십을 바라보는 학우가 염려가 되어 그 자리로 가서 앉아 가기로 결정을 했다. 동기들이 많이 없어서 약간 민망하고 쑥스럽기는 했지만 그래도 마음을 비우니 아무렇지도 않았고 더러 아는 얼굴들이 보여서 반가운 마음으로 인사를 나누었다.

'수용미학'이라는 동아리를 담당하며 애쓰던 박 교수님 덕분에 학생회스터디 만으로는 다 수용할 수 없어서 동아리라는 모임이 생겨난 모양이다. 국문학과 O.T에 갔을 때 여러 동아리가 홍보 활동을 하며 봉사하는 학우들이 나와서 스터디 소개를 한다. 처음에는 학생회스터디가 있는 줄도 모르고 들어간 탓도 있지만 모기수들이 부모처럼 챙기며 출석 수업이며 여러 모임으로 도움을 주고 낙오자가 생기지 않도록 하는 모습을 보면서 얼마나 고맙고 감사했는지 모른다. 나중에는 학생회 스터디가 있다는 것을 알고 북부학습관에서 동기와 선후배들의 활동 덕분에 또 다른 학창시절의 맛을 보았다. 인연이란 참으로 소중하다. 그런 덕에 경조사를 돌아보는 형제와 같은 모임으로 발전하는 공유의 공간이 있어서 좋다.

수용미학 동아리에서 만났던 선배님들이 우리 차에 타서 얼마나 반가웠는지 인사를 하면서 악수를 했다. 공학 쪽을 졸업하고 들어온 학우라 그런지 아는 것이 많고 공부도 잘한다는 소식을 들었다. 참으로 오랜만에 만나서 많이 반가웠다. 그동안에 시인이 되고 시집도 내서 활동 중이란다.

시낭송도 하고, 열심히 참여하는 모습을 보면서 다 나름대로 알차게 보내고 있다는 사실에 흐뭇하고 반가웠다. 차는 세 대가 함께 이동을 했다. 박태상 교수님은 먼저 동문 차에 올라서 일정과 날씨를 소개하면서 박수무당이라며 강의할 때 모습처럼 열심히 안내를 하신다. 태풍 링링으로 새벽부터 안전문자를 받아 학우들 걱정을 했지만 박 교수는 여러 곳을 여행 다니며 일기예보와 다르게 당신 예감대로 일을 추진했다는 이야기를 풀어내셨다. 제주도에는 많은 비가 왔단다. 서울도 나무가 쓰러지고 난리가 난 모양이다.

이효석 동상 앞에 작은 공원과 비석이 서 있는 곳에서 우리 학우들을 위하여 박태상 교수님이 해설을 하는 동안에도 지붕이 종잇짝처럼 날아가는 광경이 눈앞에서 이루어지는 모습을 보면서, 태풍 매미 때 일이 잠시 스쳐지나갔다. 가족이 떨어져 살면서 서울에 한가위 추석을 보내고 내려오니 아름드리 고목이 넘어지고 우리 교회 교육관 건물들이 아수라장이 되었었다. 고난 뒤에는 행운이 찾아오듯 외국이며 여러 분들의 도움으로 새로운 건물에서 교회학교 교사를 신나게 했다. 그런 덕에 서울에서도 중고등부 교사이다.

우리 일행은 차에서 김밥으로 아침을 대신하고 점심은 가산 동네에서 먹고 가산 이효석 작가 때문에 유명해진 시장을 둘러보고 충주댁을 시작으로 물레방아 터며 메밀이 한참 만개한 메밀밭에서 여기저기서 사진으로 추억을 담았다. 개울가 징검다리에 나의 시선이 꽂혔다. 유년의 추억을 되살리는 풍경이 더 그러했다. 달빛 언덕을 지나 문학관이며 추억을 실어 나르는 관광열차 아니 달구지라 해야 할 것 같았다. 비는 우리의 더위를 식혀줄 정도로 왔다. 여행하기 딱 좋은 날씨였다. 문학관에 올라가서 이효석 동상과 팔짱을 끼고 연인 사이처럼 회상해보고 여러 학우들이 앞다투어 사진들을 찍고 한국방송대학교 국어국문학과 학생들이 서울지역대학이라는 깃발을 들고 이효석의 발자취를 둘러보면서 동상 앞에서 단체 사진도 찍고 개인적으로는 비가 살짝 내려서 연인들처럼 우산을 같이 쓰고 찍은 사진도 오래도록 두고두고 추억이 될 것 같다. 국문학과 학생들은 또 아름다운 고별여행을 그렇게 알차게 보내고 왔다.

다음날에 출석수업을 받을 학우들은 피곤하겠지만, 우리들에게 아름다운 추억 여행으로 길이길이 남을 것이다.

인생

삶이란 한 치 앞을 모르는 게 맞다는 생각이 드는 요즘이다. 혜화동 한국방송통신대학교 정문에서 멋시게 포즈를 마음껏 잡고 있는 이들도 나름대로 모진 풍파를 지나온 사람이라 생각하니, 당당하게 서 있는 모습 또한 눈물겹도록 대단하다는 생각이 들어 존경의 존경을 표하고 싶어진다.

10월 22일 졸업 사진을 찍었다. 호프데이 겸 통문제에는 참석을 하지 못해 마음이 찜찜하다. 그나마 간신이 졸업사진을 찍을 기회를 얻어 고마울 뿐이다. 막간을 이용해서 법원리 출렁다리에 간 것은 참으로 다행이고 행복이었다.

오랜만에 느끼는 가을 풍경이 아름답다. 많은 이들의 행렬을 따라 갔다. 어디서 그렇게 많이 왔는지 산비탈에서 줄을 서서 기다리며 걸어본 것은 난생처음 보는 풍경이다. 이곳이나 저곳이나 유명하다 싶으면 줄서서 기다리는 모습들은 마음속으로 기이한 일이라는 생각까지 들었다.

나무하러 갔다가 높은 바위에 올라가서 위아래를 바라보며 땀을 식히던 어린 시절을 생각한다. 그때와는 전혀 다른 느낌의 출렁다리 위에서 어느덧 옛날 호랑이 담배 피우던 시절 이야기를 하는 듯하여 속으로 웃음이 나오기도 하다.

하루하루 성실하게 책임을 다하며 살아온 우리 학우들이 졸업사진을 찍는 것에 대해 축하드린다.

약속 · 1

약속이란 그 사람의 모든 것을 평가할 수 있을 만큼 중요하다. 그런데 나는 최근에 약속을 두 번이나 어겼다. 한 번은 약속을 하고 날짜가 다른 날로 알고 어긴 것이고, 한번은 갑자기 팔이 가려워서 병원에 가면서 약속을 어겼다.

내가 약속을 어긴 친구는 내가 서울에 올라와 첫 직장에서 만난 유일한 친구다. 나이는 나보다 한 살 위지만 그냥 친구가 되는 게 편해서 그렇게 집도 서로 오가며 지낸 사이이다.

같은 직종에서 일을 하다 보니 첫 직장에서 헤어져도 또다시 만나게 되곤 했다. 그러다보니 두 번째 직장에서 또다시 만나고 또 헤어져도 아직 만나는 사이이다.

한 번은 그 친구가 북한산에 가자고 해서 마당바위에서 점심을 먹고 도봉산 정상까지 함께 올라간 적이 있다. 우리는 오랜만에 산사람이 되어보는 맛도 보았다.

그 친구는 북한산에서 내려오면서 학술제 때 입고 갈 분홍색 조끼를 골라줘서 샀다. 등산을 쭉 할 것처럼 바지도 사고 했지만 그때가 처음이었다.

그 친구가 함께 공부를 했으면 하는 마음에 방송대 입학을 권유했다. 그 친구도 공부를 시작하려고 마음은 먹었지만 시작하기가 만만치가 않은가 보다. 그러고 보면 우리 학우님들은 정말 대단한 사람들만 모였다고 여겨진다. 시작하기가 힘들지 시작하고 나면 이렇게 4학년까지 올 수 있다고 말해주었다. 자신과의 작은 약속도 소중하다. 아마도 그 친구와 그때 약속은 못 지켰지만 지금 우리 학우들과 늘 공유하며 하루하루 생활을 서로 궁금해 하고 있다. 우리들의 모임에도 합류할 수 있는 친구가 되기를 바래본다. 아마도 우리 학생의 모임을 구경하면서 살짝 샘이 나지 않았을까 하는 마음도 든다. 그 친구가 방송대에 입학해 또다시 꿈을 꾸게 되는 동문이 되기를 바란다.

약속 · 2

그제는 TV를 보다가 막내새언니에게 전화를 했다. 좋은 정보나 좋은 소식이 있으면 알려주고 싶은 것이 형제의 마음이다.

그날의 유익한 정보가 삶의 등불이 되어줄 수만 있다면 무슨 일이든 미루겠는가? 누구나 사연 하나는 가슴속에 간직하고 산다. 밖으로 끄집어낼 수가 없어 그렇지 고이고이 간직하고 가슴앓이를 하다가 무덤까지 가져가기도 한다. 내가 말을 하고 싶다고 해서 그 말을 다하면 후배들이 할 말이 없을까 봐서 말을 참는다. 뒤따라오는 후배들의 몫까지 배려를 해서 남겨두는 것이 지혜가 아닌가 싶기도 하다.

공부하면서 만난 지인이 방송대 관광과를 지원을 하고서 등록을 아직도 못하고 있다고 한다. 나는 4학년에 올라간다. 물론 무늬만 4학년이긴 해도 스스로에게 자랑스럽다. 어려운 환경이지만 헤쳐 나왔고 지금 동기들하고 공유하고 즐기고 있지 않은가.

심심해서 문자를 하고 마음이 답답해서 전화를 했다. '요즘 무얼 하며 지내느냐?'고 하니 '특별히 하는 일이 없어서 놀고 있다'고 했다. '그러면 만나자'고 하고 싶은데 오전이 지나고 오후라 만남의 시간이 많지 않으니, 다음날 한 지인 친구를 초대해서 셋이서 만나자고 한다.

그러면 연락을 해서 날짜를 잡으라고 했다. 그런데 어제 만나자고 해서 그러자고 했다. 방송에서는 저녁때가 되면 기온이 영하로 떨어진다고 보도한다. 그래서 남산까지 갔다가 저녁에 그 지인의 퇴근 시간 맞추어서 만나기로 했다. 낮에 둘이서 걸으며 공부하며 즐기던 추억을 쏟아놓고 싶어서였다. 그 지인은 여유가 있어 만날 수는 있지만 늘 내가 약속을 어긴 셈이다.

약속을 하고 저녁이 되니 더 춥고 살살 걱정이 된다. 전화를 했다. 나중에 따뜻한 날 가자고. 그러자고 하면서 다른 지인도 못 만날 형편이란다. 그러면 나중에 아무 때나 좋은날 정해서 만나자는 말을 해놓고 생각해보니 한문 배우러가는 날 인줄도 모르고 약속을 했던 모양이다.

사람 맘이란 참 간사하다는 생각이 든다. 늘 같이 다니던 지인이 다른 곳에 간단다. 그래서 나도 갑자기 그곳으로 발길을 돌리고 말았다. 결국 그 지인과 함께 시간을 보내고 왔다. 다음날도 가야 하는데 울 종례언니와 약속이 되어 있어서 그 약속은 꼭 지켜야한다는 마음에 이수역까지 갔다가 수유역으로 달려왔다. 약속이란 참으로 중요하다. 약속이란 사람 사이를 돈독하게도 만들고 섭섭하게도 만든다. 인생의 동반자로도 만들고, 헤어지게도 만든다. 약속을 잘 지켜야겠다.

사람이 동물과 다른 점

사람은 알몸으로 태어나 과장된 옷으로 살아간다. 형형색색의 조화로운 옷을 입으며 좋아한다. 옷이란 춥지 않게 덥지 않게 입으면 될 것 같다. 그런데 사람들은 너무 비싼 옷을 입고, 그것을 남에게 으스대기기도 한다. 그렇지만 동물들은 태어난 채로 한 벌의 옷만 입으며 살아가는 것을 보면, 사람이 허영된 것 같기도 하고 지혜로운 것 같기도 하다.

무에서 유를 창조하시는 부모님의 그늘에서 살 때는 아무 걱정 없이 살아온다. 그러다 부모의 그늘에서 벗어나 홀로서기에 들어가게 되면 수많은 난관에 부딪치게 된다. 모래알 같이 수많은 사람들 속에서 빛나기 위해 애를 쓰며 사는 것이다. 바다로 흘러들어가 보이지 않는 모래와 해수욕장 위의 모래는 역할과 관점에서 차이가 있다고 생각된다.

우리는 어제 배움의 전당에서 4년의 학업을 마무리를 하는 이와 계속해서 배움을 이어가야 하는 기로에 서서 졸업앨범을 사진으로 남겼다. 유년 시절, 배고픈 현실이 우선이었고 여자라는 관점도 우리에게 공부에 목말라 하게 했다. 이제 한평생 자녀들 뒷바라지에 허덕이다 인생을 마무리해야 하는 늦은 나이지만 우리는 공부했다. 그 열기와 배움은 누구에게도 뒤지고 싶지 않은 것이었다. 어제의 열기가 공부에 목말라하는 이들에게 귀감으로 남아 전해지기를 바란다.

앞으로 대학원을 꿈꾸며 학업에 매진하는 이들도 있을 것 이고, 꼭 필요한 곳에서 자신들의 역할을 충실히 해내는 사람들도 있을 것이다. 시인은 다양한 아이디어의 시를 쓸 것이고, 수필가는 진실 가득한 에세이로 소설가는 여러 사람들의 삶을 조화롭게 엮은 이야기로 자신의 꿈을 펼칠 것이다.

나는 영원한 주부이지만 공부하는 학생으로 평생을 살 것이다. 이제 얼마 남지 않은 기말시험도 무사히 보고, 어디로 졸업여행을 갈지 벌써부터 상상의 나래를 펼쳐본다.

출석수업 때 언니들이 하는 말이 귀에 쟁쟁하다. 뒷자리가 편해서 앉았는데 안경을 써도 눈이 잘 보이질 않아 귀로만 들었다는 말이 가슴에 싸해진다. 방도를 찾다 보니 앞자리 의자를 사이에 하나 더 놓아도 되겠다는 생각이 번뜩 머리를 스쳐간다. 그래서 언니는 앞자리에서 편안한 마음으로 강의를 듣는다. 한편으로는 내 옆에 없으니 허전했지만 한편으로는 언니가 공부를 열심히 할 수 있으니 다행이다 싶어 기분이 좋아졌다.

사람이 동물과 다른 점은 형형색색의 옷을 입어서만은 아닌 것 같다. 스스로 공부할 수 있고, 스스로의 미래를 계획하고 꿈꿀 수 있는 것이 동물과 사람의 차이가 아닌가 하는 생각을 했다.

스터디 생활

처음에는 스터디 동아리라는 것에 대해 아무런 의미도 모르고 갔다. 그런데 지금 생각해보면 동아리가 없이 어떻게 여기까지 올 수 있었겠는가 하는 마음에 동아리가 너무 감사하다. 물심양면으로 후배들을 아끼고 사랑하는 선배님들의 마음이 어렴풋이 다가온다. 4학년이 된 나는 과연 후배들에게 무엇을 어떤 방법으로 도와야 할까 하는 마음이 든다.

어제는 서부학습관으로 달려갔다. 문득 두서없이 여기저기 다니는 내 모습을 거울에 비추어 보면서 과연 잘하고 있는 것인가 하는 의문이 들었다. 늦게 참석을 했고 함께 해야 할 자료가 필요할 것 같아 다른 학우 자료를 복사하러 4층에서 1층으로 갔었다. 내가 복사해야 할 자료는 양면 복사이고 지금 빨리 복사를 해서 같이 스터디를 해야 하는데 하는 마음이 바빠서 사무실 직원에게 도움을 청했다. 직원의 도움으로 한 면 한 면 복사를 하고 있는데 교육학과 학우가 와서 복사를 해야 하는데 카드가 같은 카드인지 물었다.

나는 그 모르는 교육학과 학우에게 내 카드를 주면서 다른 곳을 찾아서 복사를 하라고 했다. 나는 여전히 복사를 하고 있는데 사무실 안에서는 빨리 복사를 끝낸 모양이다 잔돈을 내게 건네며 잘 썼다며 고맙다고 한다. 나는 잔돈은 주지 않아도 된다고 하니 고맙다면서 급하게 공부하러 갔다. 배려해주길 참 잘했다는 생각을 한다.

주부라는 타이틀, 집안의 모든 대소사를 챙겨야 하는 여러 가지 일들 중에 4호선 수유역에서 3호선 원흥역까지 공부를 위해 먼 길을 갔다가 돌아오면서 함께 동기들과 4년 동안 보낸 일들이 주마등처럼 지나갔다.

어제도 서부학습관에 가기 위해 전철에 몸을 실었다. 4호선을 타고 가다가 충무로에서 3호선을 갈아탔다. 3호선 원흥역까지 가야하는데 구파발이 종점이라는 안내 방송이 나오고 사람들은 다 내린다. 나도 마음은 급하지만 할 수없이 따라 내려서 물어본다. 원흥역이 생긴 지가 몇 년 안 되어서 모르는 사람들이 많았다. 다행히 아는 사람들도 있어서 다른 전철로 갈아타고 갔다. 원흥 서부학습관에 도착하니 벌써 수업은 시작되었다. 나는 조금 미안했지만 또 철판을 깔 수밖에 없다.

공부를 하고 있는데 서부학습관이 새로 단장을 해서 둘러보러 오셨는지 학교 관계자 분들이 오셔서 격려도 하고 가셨다.

불편한 사항이 없으시냐고 물어서 복사기가 불편했다고 불쑥 말이 나와 조금 부끄럽기도 했다. 하지만 내가 직접 겪은 일이고 후배님들이 나와 같은 불편한 사항들이 생길까봐서 대신 이야기 한 것뿐이다.

22일은 수용미학회에서 1학년 때부터 하던 1일 호프데이 행사를 한다. 1학년 때부터 한 번도 참석하지 못해서 올해도 못 올 수도 있다며 티켓만 5장 사고 왔다. 그런데 이보에서는 나들이를 간다고 하니 갈등이 생긴다. 이보에 참석을 하고 저녁에 잠깐 들릴 생각인데 그날도 시간이 허락해야 가능한 일이다. 아마도 참석할 수 있는 예감이 든다.

오늘은 남희 언니, 칠희 언니, 복용 학우님, 종영 친구이자 지기님을 만나는 날이라 지금부터 설렌다.

"학우님들 15시 16시에 만나요."

혼자 공부해도 되지만 나는 시간만 있으면 여러 사람들과 대화하며 공부하는 것이 좋다. 그런 이유인지 동아리며 스터디를 오가며 아는 사람이 많아서 아마 국회의원에 나가면 표는 많이 얻지 않을까 하는 생각을 잠시 해보며 속으로 웃었다.

내 카톡에는 408명의 친구가 있다. 현재 연락을 하는 사람은 손에 꼽을 정도지만 그래도 좋다. 어제도 한 사람 카톡에 올려야 하는데 아직 생각 중이다. 아마 올릴 수도 있을 것이다.

훈련

우리는 우리의 뇌를 훈련시켜야 할 의무가 있다. 고로 시험은 우리들에게 긴장감과 압박으로 다가오더라도 해야만 하는 중요한 일과다. 시험은 더 넓은 세계를 볼 수 있는 영안을 열어주고 더 새로운 세상으로 안내를 해주니 더 그러하다.

어제는 아침에 밥을 차려놓고 남편에게 아들과 식사를 하라고 했다. 남편은 막내딸하고 먹을 거라고 하기에 그럼 먼저 먹고 시험 보고 올 테니 아버지와 딸 둘이 주말을 즐기라고 했다. 그랬더니 딸도 일어나 같이 식사를 하고 아들은 한양대에서 시험을 본다고 먼저 나갔다.

나는 북부학습관에서 똑같은 시간에 시험을 보지만 조금 여유가 있어서 아들 먼저 보내고 나도 서둘러서 북부학습관으로 갔다.

한 과목은 후배들과 시험을 먼저 보고 나머지 과목들은 4학년 동기들과 본다. 1학년 때 한과목을 바꾸어 4학년 선배들과 시험을 볼 때와는 우선 행동에서 차이가 난다. 그땐 조심스럽고 낯설어 많이 떨리고 긴장되었었는데 어제는 조금 아는 후배도 있고 마음의 여유를 가지고 볼 수는 있었다.

그렇지만 낯선 한문은 여전히 나를 긴장하고 초초하게 만들었다. 하지만 그걸 선택한 것은 나였다. 어쩔 것인가? 한 번 안 되면 두 번 하고, 두 번 안 되면 세 번하다 보면 시험지가 잘 보이지 않을까 하는 맘으로 시험을 찍고 나왔다. 한편으로는 "한문 공부를 좀 더 해둘 걸"하는 아쉬움은 남는다. 그래도 하나라도 더 알고 간다는 자체로 만족할 수밖에 없다.

오전 시험을 본 후, 2층 도서실에서 오후에 볼 4학년 문제지와 워크북을 보고 있는데 누가 와서 인기척을 한다. 혜경 학우다. '누구랑 왔느냐?'고 물으니 종례 학우랑 있단다. 나를 발견하고 옆 사람 방해될까봐 살며시 아는 체를 한다. 혜경 학우는 다시 자기 자리를 돌아가고, 조금 있으려니 종례 학우가 온다. 점심시간인데 점심을 먹자고 한다. 나는 3층 열람실에 현경 학우와 종만 학우가 있다고 같이 가고픈 마음에 같이 가자는 이야기를 했다. 방해될 수도 있으니 그냥 셋이서 가자고 한다.

그러자고 하면서 식당을 찾아 나선 곳이 우리 교회 바로 옆으로 데리고 간다. 오래 살아도 한 번도 가보지 않은 식당인데 그곳이 마음에 든 모양이다. 식당 문은 잠겨있고 옆에 커피전문점만 영업을 한다. 그 부근의 식당을 여러 곳을 찾아다니는 모양을 본 동네 주민이 일요일은 식당 문을 열지 않는단다.

나는 안도의 마음이 들었다. 시험을 본다고는 하지만 일요일예배를 두 번째 빠지는 형편인데 밥 먹으러 교회 앞에서 서성이다가 아이들이라도 만나면 어쩌나 하는 마음도 들었으니 말이다.

우리는 다시 돌아서 횡단보도를 막 지나려 하는데 무슨 소리가 들려서 깜작 놀라서 보니 한 학우가 넘어졌다. 전날 한숨도 잠을 자지 못해 힘들다고 했다. 횡단보도에서 한참을 있다가 겨우 길 건너 냉면집을 찾아갔다. 그곳에 사람들이 많이 있었고 외국인들도 많이 있었다. 점심을 먹기도 전에 종례언니가 계산을 한다 .

오후에 다시 북부학습관으로 와서 무사히 4학년 시험을 볼 수가 있었다. 1학기를 무사히 마무리를 할 수 있어 감사하다.

오지랖

"'문학의 이해' 강의에 참석할 수 있느냐?"는 말에 요즘 시간이 많은 편이라서 무조건 콜 했다. 섬섬 날짜는 다가오고 북부모임에다 계절시험에다 교회에는 2주째 못가 3주째 되는 날 아이들에게 문자를 돌렸다.

한 아이가 '느디어 오시는군요.'라고 말한다. 이렇게 아이들에게 사랑받아본 적은 처음이다. 내가 하는 말이 100%는 아니지만 그 아이는 믿음이 좋은 아이다. 할아버지가 장로님이시고 할머니는 돌아가시고 안 계셔서 내게 할머니의 감정을 느끼고 있는 듯하다. 요즘 아이들이 할머니 사랑을 얼마나 많이 받고 자라는데, 할머니가 일찍 돌아가신 것에 한구석이 짠한 마음도 든다. 나보다 더 신앙이 좋은 아이이고 드럼 봉사도 하고 주일이면 바쁜 아이다. 엄마는 믿음이 좋은데 아빠는 요즘 교회를 안 나온다. 학생예배에 몇 번 참석을 하더니 지금은 통 안 보인다.

벌써 반년이 지나 반을 바꾸어야 하는데 저번 주 반 배정

날이라서 문자를 보냈다. “오늘 반배정하는 날이구나.”하고 문자를 하니까 ‘헐’하고 답이 왔다.

다른 반이 되어도 열심히 분반공부 잘 하라고 하니 “네 네 네 네 네 !!!!!”라고 문자가 왔다. 다른 남학생도 개척교회에 다니는 아이도 가끔 친구를 따라 온다. 그곳에는 학생회가 없어서 우리 교회에 수련회 행사 때면 참석을 한 아이가 있다. 친구 따라 의정부에서 오는 아이다. “정이 살짝 들어가는데 아쉽게 되었구나.” 하니 이 아이도 “네네!!”라 대답한다. 요즘 아이들은 문자를 해도 이모티콘 등 여러 가지 모양으로 표현하는 모습이 앙증맞고 참 귀엽다. 고1이라 보통 아이들은 많이 어색해하는데 두 아이들은 특별한 아이들인 것 같기도 하다. 그 여자 아이는 그냥 “네.”하고 대답만 한다.

그 지난주에 아이의 외삼촌이 폐암으로 돌아가셨다고 한다. 그 아이의 엄마로부터 그 소식을 들었다. 북부 이보에 참석하려고 오는데 비가 쏟아졌다. 한 손에는 도시락을 들고, 다른 한 손에는 우산 들고 무사히 학습관에 도착했다.

4층까지 올라가는 학우인 듯한 사람에게 “4층 좀 눌러주세요” 라고 하며 채 이야기도 체 나누기 전 전화벨 소리가 요란하게 울렸다. “가방에 전화 좀 꺼내 주세요.”라고 했더니 “네, 가방이 열렸어요.”라고 한다. 나는 가방을 바라보며 “아 네…….”라며 말끝

을 흐렸다.

4층에 도착을 하니 방금 청소를 막 끝냈는지 바닥에는 물기가 흐르고, 이보의 모임을 위해 준비를 해놓은 듯 비어 있었다. 나는 한숨을 내쉬며 계속 끊지 않고 전화를 하고 있는데 "선생님, 저 누구의 엄마에요."라고 인사를 한다. 그 엄마 김 집사님과는 별로 가깝게 지내지는 못하고 눈인사 정도로 지낸 사이였다. 처음에 교회에 와서 보니 사진관을 하는지 사진기를 들고 다녔다. 아이들 돌 사진이며 행사 때면 사진은 늘 김 집사가 찍곤 해서 그런 일 하는 사람인가 보다 생각했다. 얼마 전 전 교인 수련회 때 만난 학생의 엄마다. 그때 내가 만난 학생의 가정사는 이랬다.

아이가 고등학교에 들어가자마자 대학을 안 가고 산업체 쪽으로 가기로 결정을 했다고 한다. 그래서 그쪽으로 공부를 하고 있고 자격증 시험으로 교회를 자주 빠지게 된다고 했다.

등산을 하면서 자세한 이야기를 들을 수 있었다. 남들보다 뒤쳐져 오르고 내려오면서까지 이런저런 이야기를 나누었다. 친정이 하동이란다. "어머, 우리 친정 남해에서 멀지 않은 곳이네요."라며 반가운 마음에 서로 더 깊은 속정을 풀어놓을 수 있는 시간이 되었다. 사진관은 하지 않고 보험설계사 일을 한다고 한다. 친정오빠가 암에 걸렸다는 이야기를 하면서 "건강할 때 보험을 들 수 있지 아프면 보험도 가입이 안 되고 안타깝다,"는 말을 했다. 서로 이야기를 하면서 내려와 행사를 마쳤다.

그 후로는 만날 기회가 없어서 그냥 시간이 흘렀다. 얼마 후 그 엄마는 내게 전화를 걸어 자기의 친정오빠가 돌아가셨다고 했다. 그때 했던 말이 생각나 나는 속으로 "그랬었구나."라 했다. 한참을 이야기를 하다 다음에 또 통화 하자며 끊었다.

이보모임에는 몇 분이나 올 지 의자를 대충 끌어다 모아놓고 나는 손님 기다리듯 기다리고 있다. 지기님은 결혼식이 있다며 싱싱한 토마토를 한 봉지 무겁게 들고 왔다. 옥화 학우님은 블루베리를 딸 때 쯤 백설기를 해주려고 쌀을 담가놓았다고 했다. 그런데 우리가 갑자기 '철원 언니'네 집으로 가는 바람에 떡을 못 해줘서 많이 아쉬워했다. 그런데 떡을 해서 지기님께 주었나 보다. 내가 연락이 될 줄 알고 미아역까지 가지고 와서 전화를 열 통화도 더했단다. 그런데 나는 전화를 진동으로 방에 두고 일을 하는 바람에 문자며 전화를 받을 수가 없었다.

그래서 이번에는 이보에 오면서는 혹시나 그런 일이 있을까봐 요란하게 만들어놓았다.

옆지기님은 준비를 해주고 예식장에 간다고 서둘러가고, 나는 남희 언니, 경희 언니와 이야기보따리를 주거니 받거니 했다. 옆에서 칠희 언니, 정숙 언니가 양념을 치듯 이야기의 맛을 내게 한다. 명식 님과 상원 님은 완성품이 되도록 총감독을 하신다.

그러자 옆지기님이 도착했다. 식장에 갔다가 밥도 안 먹고 인사만 하고 온 모양이다. 남희 언니가 가져온 맛난 쑥떡과 옥화 언니가 보내온 백설기가 분위기를 업그레이드해 주었다.

모든 만물이 동면에 들다

봄을 기다리며 한해를 돌아보고 있다. 한해의 끝자락에서 나를 돌아보는 시간을 가져보려고 한다.

하늘에 있는 수많은 별들 가운데 나도 하나의 별로 탄생할 준비를 해본다. 누구나 태어날 때는 알몸으로 태어나서 삶을 개척한다. 수없이 날갯짓을 하며 성장한다. 순환의 반복을 거쳐 성숙된 인간으로 살다가 이름 석 자를 남기고 이슬처럼 사라지는 것이 인생이다. 우리 부모님이 그러했고 형제 선배들이 그러했다. 천년만년 살아갈 수는 없다. 만물의 영장이라 하지만 흙이 되어 나무들처럼 거름이 되고 옥토가 되어 다음 세대를 위해 한 줌의 흙이 된다.

남편은 칠십을 코앞에 두고 있고 나도 64세를 코앞에 두고 보니 마음이 급해진다. 삶을 다 기록할 수는 없겠지만 이름 석 자만이라도 남기고 싶다.

참으로 인연이란 귀한 것 같다. 올해 방송대 국어국문학과 축제인 통문행사에 참여했다. 학생회 동문이라는 이유이기도 하고

▲ 〈한국문인〉에서 시인으로 등단식 때 사진

글을 쓰는 사람으로 행사에 참여하게 된 것이다. 통문 축제에 가보니 방송대 대 선배이신 도서출판 '문학공원'의 김순진 대표님 도움으로 책이 잘 나왔다고 이구동성으로 말을 했다. '문학공원'의 편집장인 전하라 작가도 같은 동문이었다. 알고 보면 모두가 연결되어 협력하여 선을 이루는 것이다. 불현듯 시인으로서 책을 한 권 남기고픈 마음이 들었다. 방송대에서 활동하며, 이야기를 나누며, 공유했던 학우들과의 추억을 책으로 엮어보고 싶어서 문을 두드렸더니 흔쾌히 허락을 해주신다.

봄이면 책이 나온다. 어떤 모습으로 탄생할지 기대가 크다. 많이 부족하지만 용기를 내본다. 모든 만물은 동면에 든다. 동면이란 그저 잠을 자는 것이 아니라 땅속으로 물의 맥을 찾고 양분을 빨아올리며 어떤 열매를 달아야할지 계획을 세우는 고도로 심화된 작업이다. 그간의 동면에서 벗어나 아름다운 봄을 맞이하고 싶다. 부족한 글을 책으로 출판해주시겠다고 허락하신 도서출판 문학공원의 김순진 대표님과 전하라 편집장님께 감사한다.

통감(通鑑)

맘이 울적할 때면 화요일 한문반의 『통감(通鑑)』을 배우러 간다. 그곳에서 초나라, 진나라, 당나라 등 역사가 어렴풋이 다가오는 고전을 배운다. 한문을 배우면서 "세종대왕이 한글을 만들지 않고 한문을 그냥 쓰도록 두었으면 우리 민초들은 지금도 여전히 눈뜬 맹인으로 살아가고 있을까?"하는 생각에 심히 걱정이 되었다. 소중한 우리글 우리말 한글이 없었다면 내가 하고 싶은 말을 제대로 소통이나 하고 살았을까? 유년시절에 우리 큰오빠가 한문반 야학에서 우리들을 지도한 시절이 있었다. 하지만 배우기는 했어도 쓰지 않았고 세월의 무게만큼이나 잊혀지고 말았다.

한문반에서 배우는 『통감(通鑑)』 책은 천(天) · 지(地) · 인(人)으로 구성된 아주 두꺼운 책이다. 그 중에서 지(地)를 배우는 게 몇 년 된 듯한데, 겨우 중반을 넘은 듯하다. 그것은 매주 화요일마다 꾸준히 다니는 학우들에 한해서 하는 말이고 나는 어쩌다 기말시험 보고나면 한두 번 찾아가는 형편이라 배우는 일이란 설레고 늘 꿈을 꾸게 하는 마력 같은 것이다.

이번 학기에 문화교양학과 동양철학산책이라는 과목을 신청해서 들었다. 공자, 맹자, 노자, 순자, 양자 등에 대하여 배웠다. 오늘 한문 시간에 유교가 주자의 나라, 즉 주(周)나라의 정신적 지주였다는 말을 들으면서 '아, 그랬구나'하는 생각을 하게 되었다. 주자의 학문이 조선의 틀이 되었다고 생각하니 우리나라가 어떻게 해서 효와 충을 기본바탕으로 했는지 알게 되었다.

3부

진정한 울림

진정한 울림

어제는 추수감사주일이다. 나는 교회에서 준비해준 흰 백설기 떡을 따근 따끈하게 해서 나누어주었다. 남편도 닭꼬치며 코다리 등을 사고 아이들은 국화빵, 오뎅, 고구마튀김 등을 사왔다. 한 학생은 다 먹지 못한다며 받지 않으려고 하여 책가방에다 집어넣으며 엄마 갔다 드리라고 했더니 고맙다며 받는다. 우리 교회에서 하는 뮤지컬을 하나 보고 실로암모임까지 끝내고 집으로 왔다.

시험공부를 하려고 책을 들었다. 하지만 마음은 이미 콩밭에 가 있어서 공부가 들어오지를 않으니 공부를 할 수가 없다. 밖으로 나갔다.

동네를 한 바퀴 돌아보니 큰 골목길이 자동차가 아닌 시장으로 채워져 있다. 사람 사는 냄새가 시골 장터를 생각나게 한다. 은행나무 축제로 무대를 꾸미고 좌석이 마련되어 있었다.

출석시험을 무사히 끝냈지만 기말시험의 큰 무게를 생각하니 벌써 머리가 아프다. 아직도 머리에서 정리가 되지 않고 있는데 할 일들은 많고 그래도 사람 냄새가 나는 세상이 나는 좋으니 어찌하겠는가! 가수들을 초청해서 일반인들의 실력하고 대결이라도 하듯 유명가수가 한바탕 부르고 사이사이 배치를 시켜 색다른 행사를 주관하고 있다.

태극기를 들고 한바탕 체조로 흥을 돋우고 나니, 하모니카의 모임도 한몫해주었고 한복을 곱게 입은 국악인들이 쪽찐 머리를 틀고 국악의 장도 멋지게 하고 국악을 전공한 가수도 구수한 목소리인 초등학생인 듯한 아이의 노래도 인상 깊었었다

그 아이를 보니 내가 어렸을 때 바닷가로 소풍을 가서 물새 한 마리를 부른 기억이 주마등처럼 떠오른다. 나도 너처럼 그랬었구나 생각이 들었다. 지금 생각해보니 어린 나이에 장기자랑에 나가서 불렀는데 끼는 주체할 수가 없나 보다 하는 생각도 들었다.

늦은 시간이 되니 술도 한 잔 거나하게 취한 사람 등 다양한 삶의 모습이 보인다. 어디서 이렇게 많은 사람들이 모여 들었는지 좌석은 이미 매진이다. 젊은 가수도 좋지만 나는 아직도 남진 같은 가수가 좋다. 우리 마을은 나이든 어른들이 많이 사는 시골 냄새가 나는 구수한 마을이다. 남진이 마지막에 출연을 하는데 끝까지 자리를 지키고 기다리는 모습을 보니 가슴 찡한 생각마저 든다.

어려운 시절 우리의 삶을 위로해주고 희망을 주기도 한 가사가 "저 푸른 초원 위에 / 그림 같은 집을 짓고 / 사랑하는 우리

님과 한 백년 살고 싶어"였다. 그렇게 살아가고 싶은 작은 소망을 대변해주는 노래였기에 더 울림을 주는 노래의 가사 말이었다. 젊은 가수가 나와 자신을 '성용'이라 소개하며 기억해 달라한다. 자기소개를 하며 자신은 황성용이란다. 아마도 울림을 주는 훌륭한 가수가 또 탄생될 듯하다. 서민들의 가슴을 울릴 수 있는 진정한 울림의 가수가 탄생되기를 빌어본다.

천사들

12월 30일. 이제 내일이면 올해의 마지막 날이다. 카톡카톡, 아침부터 카톡으로 인사말이 들어오고 있다. 중고등부 교사에서 유치부 교사로 가게 되었다. 아무 것도 모르고 올 아이들을 위해 "그동안 고마웠고 정이 많이 들어 아쉽지만 헤어지면 만날 날도 올 것이니 교사가 되어서 오라."고 메시지를 보냈다. 내가 왜 가야 하는지 영문을 모른 아이도 대충은 이해를 한듯하여 얼른 커서 교사로 오겠다고 위로를 하며 "내일 송구영신예배에 올 거냐?"고 되묻는다.

"그래 그렇게 올 한해도 가는 구나. 새해 복 많이 받아라."는 문자에 "네네, 쌤도 새해 복 많이 받으세요."라고 답장을 보낸다. 작년에 담임을 맡아 정이 많이 들었나 보다. 고1인 아이와 중3인 아이들의 차이는 좀 컸다. 문자를 해도 답은 없었지만 자기네들 학원이나 운동 연습이 없는 날이면 와 주었고 공과는 좀 어색 한 듯 하면서도 잘 들어주었다.

그렇게 십년이 다 되어 가서 그러는지 많이 서운했다. 내가 맡았던 한 아이는 올해 카이스트 대학에 합격을 한 모양이다.

크리스마스 날 옆자리에 앉아준 사람과 선물을 주고받는 행사가 해마다 이루어진다. 작년에는 늘 함께 했던 백 교사가 수면 바지를 선물을 했다. 나는 선물을 준비하지 못해 많이 미안 했다. 올해는 고1때 담임을 한 아이가 옆에 앉아주었다. 아이는 드럼 봉사며 믿음이 좋은 아이다. 바쁜 탓이어서 그랬는지 선물을 준비를 안 한 모양이다.

내가 준비한 선물은 수제비누다. 경희 언니께 선물로 받은 것을 다시 선물을 주기로 했다. 그 봉지를 가방에 넣고 다른 봉지에는 이것저것 아이들이 사다 놓은 과자를 담았다. 그걸 아이에게 주었더니 맛나게 나누어먹는 모습에 기분이 좋았다. 수제비누는 엄마 갔다 드리라고 했다. 아마 전달을 했을 거라 여겨진다.

고등학교 2학년으로 올라가는 아이와 동생은 나이 차이가 많을 듯하다. 여동생은 천사반이니 말이다. 동생인데 나이 차이가 많아서 그런지 동생을 많이 챙겨주고 하는 모습을 보면서 내가 우리 큰오빠와 차이를 비교해보았다. 아마 우리 큰오빠도 그런 마음이었을 것이라 여겨진다.

고2로 올라가는 그 아이는 요즘 보기 드문 심성 고운 아이다. 아마 홀로 사신 할아버지 영향도 있을 것이고 ,오래도록 믿음 안에서 늘 긍정적인 사고와 봉사의 정신이 마음속에 깊이 자리 잡은 탓일 수도 있다. 체육을 좋아해서 성격도 활달하다. 하는 것을 보면 우리 사회에 꼭 필요한 일꾼으로 잘 자라리라는 믿음이 크다.

교회 학생회 교사

남해에서 살 때의 이야기다. 30년이 넘도록 아이들과 주일학교에서 같이 보냈다. 교회를 다니게 된 동기는 이웃에 사시는 할머니의 기도 힘이라고 보아야 될 듯하다. 여수에서 양재학원을 나와 고향이 가까운 신풍비행장이 가까운 곳에서 첫 직장을 시작했다. 나이는 확실히 생각나지 않으나 결혼하지 않은 아가씨였고 종종 기타를 치는 모습도 신선한 모습으로 다가왔다. 여름에는 고구마 줄기에 갈치를 넣고 반찬을 자주 해주었다.

신풍에는 애양원이란 병원이 있다. 큰오빠의 말을 빌리자면 애양원은 미국에서 원조를 받아서 운영을 한다고 했다. 큰오빠는 다리가 아파 수술을 그곳에서 두 번이나 했다. 그곳에서 가까운 녹동 소록도를 모르는 사람들은 거의 없을 것이다. 문둥병을 돌보고 치료하는 곳이다. 손양은 목사님은 원수를 아들로 삼아 실천하는 목사님으로 유명하다.

남해에서 많은 사람들이 찾아갈 수 있고 거리상으로도 가까운 거리다. 경상도와 전라도 사이, 지리산이란 산을 하나 놓고 경계

▲ 결혼식 사진. 앞줄 왼쪽부터 남편 박병채, 신부 이옥순, 친정어머니 김명심, 큰집 큰어머니, 뒷줄 친정 김연자 큰 새언니, 친정큰오빠 이옥본, 큰집오빠 이병용, 둘째 새언니 정정엽, 큰집셋째언니 이정희, 큰집 셋째새언니, 친정 둘째오빠 이병열(지금은 장로님), 셋쨋줄 둘째큰집오빠.

를 나누어 다른 사투리를 사용하니 신기할 뿐이다.

처음 남해에 갔을 때는 큰집언니가 소개를 했다. 큰집언니가 여수에서 직물점을 하고 있을 때였다. 이화양재학원 원장이 찾아와서 그곳에서 직장생활을 해보면 좋을 것 같다는 소개를 받아서 갔었던 곳이다. 기술을 배워서 재단사라는 그럴싸한 직분으로 갔으니 월급도 수입이 좋은 편이고 해서 그곳에서 결혼까지 하고 터를 잡고 살았다.

▲ 결혼식 사진

처음 교회를 간 것은 그냥 일요일이 되면 깨끗하게 꽃단장하고 나들이하듯 하는 모습이 좋아보였다. 그렇게 신앙생활은 시작되었지만 다니는 둥 마는 둥 하였고 그러다 한동안 다니지 않았다.

그러자 잘나가던 사업은 잘되지 않았다. 어려움에 처하면 지푸라기라도 잡는 심정이라지 않은가? 부흥회에 팔대 증손인 조 목사님을 만나게 되었다. 조 목사님은 시골에 딱 맞는 분이셨던 것 같다. 연세대학교에서 신학공부를 하고 나와서 첫 부임지이자 첫 교회다. 사모님도 같은 신학대학교를 나와서 성악을 전공하여 노래를 잘 부르고 피아노도 잘 치셨다.

그때부터 나는 열심히 신앙생활을 하고 유치부 교사로 시작해서 유년부, 중고등부 열심히 다녔다. 그런 덕에 아동부 교사에서 부장 2년, 중고등부 교사에서 부장을 3년 가까이 하다가 서울로 이사를 오게 되고 서울에 와서도 십년이 넘도록 하게 되었다. 그렇게 남해에서 교회 학생회 교사를 시작하게 된 것은 내게 행복의 시작이었다.

울 엄니 여행 떠나시던 날

엄니? 무슨 여행이 그리 긴지요?

오늘은 바로 어머니가 여행을 떠나시던 날이다.

어머니는 미리미리 여행 짐을 꾸려놓으셨다. 고구마 줄기가 질길까봐 곱게도 까서 놓으시고 홀연히 이웃집 아이에게 아매다매 사탕도 챙겨주셨다. 동네 찬치를 하고 싶어 그러시는지 길가에도 사탕을 뿌려 두셨다. 아랫집 아들 손잡고 장자 모임 계를 타서 팥죽 한 동이 준비시키고 둘째아들 모임에 힘 좋은 이들만 골라서 타고 갈 가마 준비하셨다. 막내아들은 망망대해에 배를 타고 있어서 여행가서 만나보셨을 것 같다.

어머니에겐 빈차리 같은 딸 하나(나) 있는데, 바다 건너 사니 자주 볼 수가 없었다. 내가 큰딸 낳으니 산우조리 한다고 오셨다. 하루는 쌀뜨물을 받아 양태 넣고 미역국을 끓여주셨고, 하루는 놀래미를 넣고 미역국을 끓여주셨다. 다음날은 새우를 넣고 끓여주시고, 다음날은 쇠고기를 넣고 미역국을 끓여주시는 등 어머니는 내가 미역국에 물려 안 먹을까봐 매일매일 다른 재료를 넣고 미역국을 끓여주셨다. 그러다 보름이 되자, 혼자서 살살하면 될 거라며 하시곤 돌아가셨다. 네 아이들을 모두 보름씩은 책임지고 산후조리를 해주셨다. 정작 당신은 산후조리를 할 때 직접 자기가 맹물로 미역국을 끓여먹었다고 하신다. 아마도 내게 그렇게 잘 해주신 것은 당신이 몸조리를 못하셨으니 자신에 대한 보상이라도 하려는 듯 해주셨을 것 같다.

엄니가 먼 길을 떠나 돌아오지 못할 곳으루 여행을 가신 날 나는 엄니의 임종을 보지 못했다. 그날 나는 교회 맨 앞자리에 성가대석에 찬송을 부르고 있었다. 그날따라 왜 그리 울림이 왔는지 모른다. 집에 오니 엄니가 여행 떠나셨다고 했다.

엄니는 늘 "딸이 해준 옷을 입고 가고 싶다"고 입버릇처럼 말씀하셨다. 그땐 그 말을 흘려들었는데 갑자기 어머니가 돌아가시니 후회가 막심하다. 엄마의 수의를 준비를 하려다 큰새언니에게 전화를 했더니 이미 준비를 했으니 그냥 오기만 하란다. 그래서 큰아들부부를 크게 생각하셨는지 지금에서야 어렴풋이 알 것 같다.

엄니가 여행 떠나시던 날, 바다 건너서 많은 이들이 엄니를 배웅하러 왔다. 고향에서는 온 동네 아주머니들이 엄니가 입고 갈 수의 옷을 만들었다. 동네 남자들은 가마 만들고, 이집 저집에서는 팥죽 써왔다. 내 친구들은 내게 "니네 엄니의 장례식이 궁중

행사 같다"고 했다. "농사를 지으려면 소도 사람하고 한 몸이 되어야 한다"고 하시던 말씀, 당연한 일이였는데 지금에야 엄니 뜻을 알 것 같다.

엄니, 만족하셨나요? 사람을 좋아하고 부지런하셔서, 농사며 소는 어쩜 예쁘게 기르셨는지요. 엄니의 부지런하심과 사람 좋아하는 거, 가축 좋아하는 것을 내가 빼닮은 것 같아요. 엄니, 열심히 살게요. 사랑합니다.

은수의 마음

오월의 중반을 향해서 달리는 주일이다.

지난 주일에는 지호 할머니께 안부를 물었다. 지호네 가족은 연휴 동안 보라카이로 가족여행을 갔단다. 매주 참석하는 아이가 아니라 전화를 잘 안하는 편이다. 지호 할머니를 교회에서 만날 때만 챙기며 안부를 묻는 편이다.

이번 주일에는 현준이랑 소현이는 엄마가 중고등부 교사로 봉사를 하니, 같이 중고등부 예배에 참석했다. 천사반에는 첫 번째 출석이고, 지호도 보라카이에서 돌아오고 해서 방엔 활기가 넘친다.

은수, 지수, 현수가 오자 율동과 찬양을 하고 예배가 시작된다. 은수는 늘 신이 나서 그런 것인지 아니면 제일 큰 형이라 책임감을 느끼는 것인지는 알 수 없지만 이리저리 분주하게 다닌다. 동생들도 은수 형을 따른다.

점심시간이다. 은수네 아빠 엄마가 돌아가며 아이들과 식사를 하고 현준이와 소현이는 교사들이 밥을 챙겨서 먹인다. 시훈이네도 엄마 아빠 그리고 누나 두 명이서 밥을 먹는다. 지호는 할머니가 늘 늦게 오기 때문에 기다리는 시간이 좀 길어진다.

은수는 지호의 목걸이를 빼앗아가지고 주지 않고 놀린다. 내가 지호에게 '지호를 좋아해서 그런다'고 했더니 은수는 '아니에요'라며 쑥스러운 듯 목걸이를 돌려주면서 태권도 이야기를 꺼낸다. 여자도 태권도에 다니느냐고 물으니 여자가 더 많이 다닌단다.

은수 아빠가 점심을 나르고 있다. 다들 모여서 식사를 하는데 떡케이크도 있고 케이크도 있다. 물어보니 스승의 날을 맞이해 부장 선생님이 준 것이란다. 떡케이크는 은수 엄마가 만들어온 것이라며 하나하나 예쁘게 포장해서 나눠준다.

마침 떡 케이크가 두 개가 남아있어 지호와 할머니께 드렸다. 그 모습을 은수가 보았나 보다. 나는 점심을 먹고 있는데 은수가 떡케이크를 들고 와서 다시 내 앞에 내려놓는다.

나는 잠시 당황했다. 은수의 마음은 알겠지만 다시 가져다주라고 하고 생각하니 미안한 마음이 든다. 나는 좋은 사람을 편애를 하는 마음이 있다. 언제 남희 언니에게 지적을 당한 적이 있지만 잘 고쳐지지 않는 것도 버릇인가 보다. 은수네 가족에게는 조금 미안했지만 어찌 하겠는가? 억지로 안 되는 마음을……. 이해해 주리라 믿는다.

점심시간에 늦게 온 할머니가 지호의 점심을 가져오다 땅에 떨어뜨렸다. 할머니는 다시 가져 오셨으나 지호는 점심을 안 먹겠다고 울고 있었다. 다들 헤어지고 났는데 아직도 지호가 남아 있어 "점심 먹었냐?"고 물으니 안 먹었단다. 그래 집에 가서 먹으라 하고 집으로 가려고 3층에서 2층으로 내려오는데 은수가 있었다.

"선생님 어디가요?"

"왜 따라 오려고?"하니 은수가 씩 웃었다 그렇게 무사히 보낼 수 있는 주일이 지나갔다.

집에 가서 교사 카톡방에 아이들의 모습을 보내고 지호 할머니께도 지호의 모습을 보내드렸다. 지호 할머니께서 사진을 보시고 위로되었으면 좋겠다.

크리스마스

올해는 낯선 크리스마스를 보냈다.

해마다 아이들과 교회에서 밤샘을 했는데, 올해는 방송대 계절학기 시험이 있어 교회에 갈 수 없었다.

교회 교사들과 카톡이 오고 간다. 저녁에 몇 시까지는 누구 교사가 아이들과 함께 있어 주고, 누구 교사는 일이 끝나는 대로 아이들과 놀아주란다. 신혼이고 아내가 임신을 해서 함께 있어주어야 하지만 교회 아이들과 보내야 하는 교사도 있다. 아무튼 젊은 교사들이 대견스러울 따름이다.

시골 교회에서 중고등부를 맡았을 때나 유초등부를 맡아서 할 때나 매년 교회에서 크리스마스를 보냈다. 성가대의 칸타타 연습에다 아이들 율동이며, 말씀 암기, 연극, 등 여러 가지 행사에 참여했다. 뮤지컬 등 다양하게 준비를 해서 동네 사람들을 초대했다. 초저녁부터 시작해서 늦은 시간까지 행사가 끝나면 구역을 정해서 학생 몇 명, 어른 몇 명 나누어 자신이 살고 있는 지역을 찾아서 새벽송을 하다보면 아침이 되었다.

새벽송을 돌 때면 어느 집에서는 유자차를 어느 집에서는 모과차, 율무차 등 준비해서 올 때까지 기다리다 대접을 한다. 성금을 준비해서 헌금하는 이도 있었다.

매주 보는 사람들이었지만 크리스마스 행사는 특별했다. 아기 예수 탄생을 축하하기 위해 행사를 준비하고 동네 사람들과 함께 할 수 있는 유일한 날이기도 하다. 이브가 끝나고 25일이 되면 아이들은 평상시대로 9시에 예배를 드린다. 새벽송 때 받은 선물로 사탕이며 초코파이, 귤, 떡을 봉지를 만들어 나누어주고 교사들도 성가대와 함께 25일 칸타타 행사를 하기 위해 한복도 멋지게 차려입고 공연을 한다. 어떤 해는 이브에 하고 어떤 해는 25일에 한다.

교사에 성가대에 여러 가지를 맡아서 항상 바쁘고 그러다보면 아무래도 남편은 믿음이 없으니 당연이 따로 보내지만 많은 배려를 해준 덕택에 오늘날까지 올 수 있었지 싶다. 고마운 마음에 '올해는 함께 보내고 싶다'라는 생각이 불현듯 들었고 이젠 재미도 그때만큼의 흥도 덜하고 학생이란 신분의 탓도 있고 공부를 하다 보니 그런 것 같기도 하다.

나들이

지난 일요일엔 무량사가 보이는 쪽으로 전교인 연합수련회를 떠났었다. 날씨가 얼마나 더웠는지 등산을 하는 내내 등줄기에 땀이 주룩주룩 등골을 타고 흘렀다. 행사는 다양하게 진행되었다. 중고등부는 축구로 몸을 풀고 있었다. 산행을 할 사람들을 위해 승합차가 등산 입구까지 태워다주었다. 삼삼오오 모여서 올라갔다. 오르는 길목의 계곡에는 발을 담그고 있는 여인들도 보였다. 아이들은 넓은 계곡에서 물장구를 치며 물놀이를 즐기고 있었다.

나는 지인과 함께 둘이서 뒤처져 올라갔다. 운동을 얼마나 안 했던지 조금 올라가자니 발가락에 신호가 온다. 지인도 나와 같은 마음이었는지 '많이 올라가면 안 된다'고 한다. 한참을 올라가도 정상은 보이지 않는다. 4시까지 다녀오라는 약속 때문에 우리는 도중하차를 하기로 결정하고 발길을 돌렸다. 내려오는데 일행들은 중간 중간 숲, 벤치에서 쉬고 있거나 기념으로 사진도 담고 있었다. 나이 들어도 마음은 소년 소녀들이다. 그늘에서 땀을 식히고 내려오니 등산로 입구에 차가 기다리고 있었다.

산행을 하지 못한 분들은 영화를 보여주었나 보다. 한쪽에서는 족구를 즐기고 있었고 아이들도 놀이가 끝나고 경기를 즐기고 있었다. 더운 날씨지만 오랜 만에 나들이라 흥에 겨운 잔치 자리였다.

책에서만 보던 무량사 표지판이 눈에 들어왔다. “아 여기가 무량사인가 보다.”라며 혼자 독백을 했다. 문득 공광규 시인의 「무량사 한 채」라는 시가 떠올랐다. “오랜만에 아내를 안으려는데 / ‘나 얼마만큼 사랑해’라고 묻습니다 / 마른 명태처럼 늙어가는 아내가 / 신혼 첫날처럼 얘기하는 것이 어처구니없어 / 나도 어처구니없게 그냥 / ‘무량한 만큼’이라고 대답을 하였습니다 / 무량이라니! / 그날 이후 뼈와 살로 지은 낡은 무량사 한 채 / 주방에서 요리하고 / 화장실서 청소하고 /거실에서 티비를 봅니다”(중략)이라는 시다. 나도 마른 명태처럼 말라가고 있으니 ‘무량사 한 채인가?’ 생각해본다. 언제 올 기회가 있다면 한 번 더 천천히 돌아보아야겠다. 아쉬움을 뒤로하고 돌아왔다.

설교

몇 주 전부터 요약한 강의 내용을 주셨는데 가닥이 잡히질 않아서 대충 보고 놔두었다. 시간이 흘러 어제는 부장 선생님으로부터 전화가 왔다.

“문자를 해도 못 본 듯하여 전화를 했습니다. 내일 이옥순 선생님이 설교 담당입니다”라고 한다. “그래요. 난, 다음 주일인 줄 알고 있었어요. 우리 가족 휴가라 다른 선생님께 부탁할 마음이 었는데 할 수 없이 해야겠군요.” 말은 그렇게 했지만 걱정이 살살 된다.

시골에서 2년 동안 유년부 부장을 하면서 자주 설교를 했고 중고등부 부장 2년을 하면서, 목사님이 사정이 있어 못할 때는 종종 설교를 했었지만 서울에 와서는 한 번도 해본 기억이 없다. 공과공부야 아이들과 모둠으로 해서 그냥 했지만 아무리 천사반 아이들 앞이지만 어떡하나 걱정이다. 목사님이 설교를 해도 뛰어다니며 소란을 피우는데 내가 설교를 하면 ‘과연 가만히 앉아서 듣기나 할까?'하는 조바심이 든다.

어젯밤에 성경을 찾아보고 요약본을 보고 또 보고 해도 감이 잘 오지 않아 걱정을 했다. 드디어 주말 아침이 되있다. 요즘 장마철인데다 더위가 극심해서 목욕을 해도 땀이 줄줄 흐른다. 아침에 파운데이션을 바르는데 땀이 물 흐르듯 하여 할 수가 없어서 화장을 못했다. 아침부터 벼락이 치고 비가 많이 쏟아져 옥상으로 오르락내리락 몇 번을 했다. 그냥 버리는 빗물이 아까워 그릇마다 빗물을 받아두려는 것이다. 처음에는 우산을 쓰고 받았는데 번개가 치고 뇌성소리가 하도 요란해서 수건만 머리에 쓰고 받았는데 옷이 흠뻑 젖어버렸다. 다행이 그릇마다 다 채우고 교회에 갈 수 있었다.

중고등부 예배를 드리고 나서 드디어 천사반에 도착을 했다. 먼저 온 교사가 청소를 한다. 나는 화장실 청소담당이라 화장실 청소를 하고 나오니 테이블 위에 찐 옥수수가 있어 물었더다. 어려운 곳에 쓰려고 판매를 한단다. 오천 원에 한 봉지를 사서 교사들과 나누어 먹었다. 오늘 놀이는 수박화채를 한다고 준비를 다해 놓았단다.

은수가 제일 먼저 오고 이어서 지수와 현수도 도착했다. 현준이와 소현이는 조금 늦게 도착하였다. 예배가 시작되었다. 내가 해야 할 설교시간이 점점 다가온다. 드디어 전도사님이 "오늘은 이옥순 선생님이 설교를 하시기로 했어요."라고 소개를 한다. 아이들은 의외로 조용하다. 눈망울이 똘망똘망하고 한 명도 뛰거나 돌아다니는 아이들이 없다. 내가 물어본 문제를 맞히면 선물을 준다고 하니 귀를 쫑긋쫑긋 세우고 듣는다. 문제도 잘 맞히고 분위기가 좋은 편이다.

가방에 준비를 해간 망고말랭이는 둘째딸의 친구가 외국여행을 다녀오면서 사온 것이다. 망고말랭이를 하나씩 선물로 주었다. 그리고 막내가 제주도에 갔다가 사온 백년초초콜릿을 하나씩 나누어주니 아이들이 조용하게 잘 따랐다. 걱정했던 것과 다르게 차분하게 말을 잘 들어 무사히 마무리할 수 있었다.

1부를 마치고 수박화채를 만드는 시간이다. 점심을 가지러 가려고 하는데 여선교회에서 산 수박이 상했나 보다. 바꾸러 따라가는데 비가 또 쏟아졌다. 우산을 쓰고 가는데도 옷이 다 젖어버렸다. 수박을 바꾸어다 주고 점심을 챙겨서 오니 아이들이 화채를 잘 먹지 않아 유년부에 다 나누어주었단다. 아마도 내가 준 간식을 먹어서 그랬나보다. 점심도 잘 먹지 않았다. 무사히 설교를 마치고 돌아왔다. 정말 오랜만에 하는 설교다. 스스로에게 잘했다는 박수를 보낸다.

장마라지만 시원하지가 않다. 비가 와도 땀은 여전히 줄줄 흐른다. 올해는 유난히도 덥다는 생각이 든다. 작년만 해도 날마다 샤워를 하지 않았는데, 올해는 매일매일 해야 하니 말이다.

7월의 네 번째 주일을 보내고 있다. 2017년도 반이 지나가고 있다. 아무튼 무사히 책임 완수를 한 주말이다.

성탄 전야

24일은 크리스마스이브, 저녁에 성탄 발표 행사를 하는 날이다. 마을 마을마다 초대장을 보내고, 많은 사람들이 오기를 기다리며 열심히 연습했다. 연극이며 성경암송 등을 재점검 해보며 소품이며 각자의 맡은 담당부분을 챙겨야 한다. 찬조 받은 물건들도 챙기고 들어오는 입구에는 따끈따끈한 차도 준비해두면 된다.

행사가 시작되었다. 멀리 사는 사람들을 차를 가지고 모셔오고, 가까운 곳에 사시는 분들은 걸어서 오신다. 언덕길 양쪽 밭길을 따라 학교 운동장을 바라보며 오르면 교회 종탑도 빨간 지붕도 대리석 돌담도 눈에 들어온다. 종려나무도 동백꽃도 무화가나무도 천리를 간다는 천리향도 철따라 계절을 알리듯 여러 고목들의 반가운 손짓도 인사를 한다.

마음먹기에 달렸듯이 믿음이 가득찬 그릇과 비어있는 그릇을 비교해보면 될 듯하다. 식장에 들어서면 행운권 추첨 번호표를 순서지와 함께 나누어준다. 학생회 부장이라는 내 직책은 가장이

▲ 당항교회 출석 시 교인들과 함께. 좌로부터 조중수 목사님, 채춘엽 주일학교 교사, 김현애 사모님, 김향숙, 이옥순, 서향숙

집안의 대소사를 챙기듯 모두 꼼꼼히 챙겨야한다. 우리 교회는 산등선 높이 솟은 교회다. 부흥강사 목사님들은 우스갯소리도 '이름도 당황할 정도로 아름답다고 해서 당항교회라고 지었나 보다'라고 하기도 한다.

순서를 기다리는 아이들 마음이 초조하다. 강대상을 무대를 꾸미고 커튼은 팥색이다. 영화에서처럼 막이 열리고 막이 닫히도록 준비도 한다. 여러 사람들의 스태프들 감독들도 각자 자기 팀을 챙기느라 눈이 반짝반짝하다.

드디어 막이 올랐다. 첫 팀은 천사반이다. 앙증맞은 인사가 시작되고 다음은 율동을 한다. 곱게 한복을 입혀 인사를 하는 천사반을 바라보는 어른들은 입이 귀에 걸릴 정도로 함박웃음을 웃는다. 그리고 율동, 연극, 성경암송 등이 이어졌다.

시골 교회에는 저출산으로 아이들이 없어 냉랭하게 크리스마스를 보내게 될 어른들을 생각하면 가슴이 아린다.

타국

어제는 주일이고 분반공부를 하는 날이었다. 토요일 문자를 돌아 '그러하마' 약속을 했는데 분반공부를 할 수가 없었다.

우리 학생회 자매 중 한 학생이 고1때 미국 워싱턴주로 공부하러 갔다가 2년 만에 임시로 다니러온 모양이다. 학생회장이랑 아이들은 반가움을 표현하기 위해 벧엘방에 천정에 풍선으로 장식을 했다. 그 학생이 고향에 잠시 온 기념으로 환영회를 멋지게 하고 싶었나 보다.

2층에서 중·고·청 통합예배를 드렸다. 예배시간에는 서로 눈인사만 했다. 예배가 끝나고 내려와 오랜만에 만나서 반가운 포옹을 한다. 그 아이도 정신도 몸도 많이 성장해서 나타났다.

미리 준비한 케이크와 다과상 앞으로 빙 둘러 앉았다. 아이들은 그곳에서 있었던 일들을 이야기해 달라고 한다. 잠시 어른들의 예배에 참석해 인사를 드리고 와서 다시 이야기가 이어진다. 아이들은 그곳에서 생활하면서 있었던 이야기가 더 궁금한가 보다. 분반도 하지 않기로 하고 귀를 토기 귀 세우듯 쫑긋쫑긋 세우고 옹기종기 모여서 듣고 있다. 분반공부보다 신이난 모양이다.

나는 또 사진 찍기 발동이 걸려 한 컷, 한 컷 장면을 잡아 찍었다. 기념으로 남겨주고픈 마음이 앞선다. 그 아이와 담임을 하면서 찍었던 사진들이 폰에 그대로 있어서 사진을 보냈지만 넣어지지 않았다. 물어봤더니 임시 폰을 사용하여 폰이 달라졌다고 한다. 카톡에 보내려했지만 지하여서 그런지 넣어 줄 수가 없어서 교사 단체 카톡방에만 넣어주었다. 젊은 교사들이 함께 공유하라라 믿는다. 이번 주에는 방송대 시험이 한 과목 있어서 앞으로 2주 동안은 교회에 올 수가 없다고 일러주고 집으로 왔다.

전날 밤에 사위와 큰딸 가족이 와서 일찍 서둘러 돌아왔다. 집으로 오니 큰딸 가족들은 자기네들끼리 아침을 챙겨먹고 거실에서 한창 꿈나라로 여행 중이었고 아이들은 TV를 보고 있었다. 나는 큰딸네가 걱정이 돼 교회점심 카레밥을 못 먹고 집에 와서 출출한 터였지만, 혼자 먹기가 좀 그래서 이것저것 입가심만 하였다. 남편은 이바지 떡처럼 살구설탕절임을 가져왔다. 누가 주었는지 살구씨를 다 빼고 고등어 절이듯 설탕에 고이고이 절어서 가져왔는데 맛나게 먹고 또 먹었다. 옛날 향수에 젖어 자꾸 자꾸 먹었더니 또 신호가 온다. 수도 꼭지신호가 보리차를 먹고 금식하면 절로 해결되어서 다행이다.

아이들이 이 사회에서 꼭 필요한 일꾼으로 성장해서 가치 있는 삶을 살 수 있기를 기도한다. 우리 기성세대들이 누리지 못했던 몫까지 누리면서 빛나는 별들이 되어주길 소망해본다.

외식

어제는 일을 마치고 막 집에 들어서니 아들이 하는 말, '막내 누나가 밥 사준다.'고 했다면서 '같이 가자'고 한다. "그래 아빠가 올 건데"라고 하니 "그럼 아빠도 함께 가자"라고 한다. "그럼 전화해라."고 하니 '들어오고 있다'며 곧 따라 들어와서 준비를 하는데 딸은 먼저 가서 예약을 해야 한단다. 먼저 가서 예약을 한 덕으로 조금 기다리려니 자리가 났다. 아직 줄을 기다리는 사람들은 한참을 기다려야만 자리가 나 먹을 수가 있나 보다. 생선이 주렁주렁 매달린 실내 장식들이 인상적이다. 마치 어린 시절 우리네 시골에서 생선을 엮어서 한 두름, 두 두름 말리는 모양이 생각나게 했다.

또 다른 장식들도 이색적이었고 여러 가지 음식 포스터도 눈에 들어왔다. 나는 여러 가지 음식을 잘 먹었지만, 남편은 썩 마음에 들지 않는 모양이다. 남편은 회 종류를 좋아한다. 요즘 한창 제철인 전어회가 나오지 않았을까 생각했는지 조금은 씁쓸해 하는 눈치였다. 뷔페식이니 주로 젊은이들이 많아 보인다.

▲ 일본 북해도 여행 때 닭띠 친구들과. 앞줄 좌로부터 송미심, 이옥순, 강현애, 뒷줄 좌로부터 김성숙, 김미자, 박경옥, 서순심.

식사를 마치고 상가 한 바퀴 돌아보았다. 벌써 크리스마스 장식이며 다양한 물건들이 가지런히 진열대에 놓여 있었다. 집 가까이에 있어도 한 번도 가보지 못했던 곳을 둘러보니, 갑자기 친구들과 일본 여행 갔을 때가 생각이 났다. 그때 눈이 너무 많이 와서 비행기 착륙이 어려울 정도였다. 그렇지만 매서운 추위에도 아랑곳 하지 않고 북해도로 향해서 달려갔었다. 온천이며 호수며 케이블카를 타고 올라가는데, 우리를 반기는 듯 무지개가 떴다. 약간의 비도 오고해서 무지개가 아름다운 태평양 바다를 수놓았나 보다.

딸아이 덕에 맛있는 음식을 먹으며 나들이할 수 있어 좋았다. 아이는 기를 때만 힘들지 길러놓으니 정말 행복한 일이 많아진다.

동댐이

나들이사진을 박가네 카톡에 올리고 이보 카톡에 올렸는데 이보 카톡은 무소식이다. 나 혼자만 신이 나서 올리고 보니 동전의 양면을 보듯 조금 미안했다. 조금 있으니 우리 둘째 딸의 카톡이 오고, 드디어 아빠와 함께 나들이 축하 메시지가 왔다. 그리고 큰딸 카톡이 왔는데, 막내가 열이 나서 병원에 가서 녹감 검사를 두 번이나 했단다. 조금 미안한 마음이 들었다. 고난주간인데 공연히 마음이 들떠 있는 건 아닌가 하는 마음이 들기도 했다.

남해에 살 때 적십자활동을 하며 만나서 나에게도 너무도 잘해주던 지인의 외동딸이 결혼한다는 소식을 들었다. 그런데 사는 게 바쁘다 보니 깜박했다. 가까운 지인에게 문자를 했다. "단비가 결혼한다는 소리를 들었는데 언제 하는지요."라고 문자를 하고 기다리려니 한참 뒤에 문자가 왔다. "4월 6일 날 결혼식을 서울에서 했다"고 한다. 그 또한 미안했다. 요즘 들어 결혼식을 많이 하나 보다. 동아리모임에 지인 아들은 일요일 오늘 2시에 결혼식을 한다고 한다. 해서 어제 인사를 하면서 '못 갈 수도 있어

▲ 둘째 딸 박혜림의 결혼식 때 가족사진

서 미리 축하를 한다'며 '시간이 허락하면 갈 수도 있다'고 했다. 그러자 고맙다며 밥이라도 먹고 가라고 한다.

오늘은 주일이다. 중고등부 예배를 드리고 중 2,3학년 담임을 맡았다. 공과를 해야 하니 아이들과의 약속은 꼭 지켜야 한다. 결혼식이 두 시니까 공과를 마치고 시간이 허락하면 갈 수도 있을 것 같은데 아직 미정이다.

사람이 사는 게 쉬운 듯하지만 지혜롭게 살아낸다는 게 결코 쉬운 일은 아닌 것 같다. 모든 일이 내 마음대로 되면 얼마나 좋으련만 연줄 걸리듯 걸려있는 인연 때문에 제 역할을 하지 못하

▲ 막내딸 박혜미의 결혼식 때 가족사진

는 것에 대하여 미안한 마음이 든다. 그래도 늘 긍정적인 사고와 생각으로 살아가려고 한다.

어제 일이다. 나들이 중 큰딸에게 카톡을 했다. 큰딸은 가까운 곳 동네 산책길을 걷고 있는 중이라고 카톡을 보내왔다. "우리 아들도 운동을 좀 해야 하는데……."하고 문자를 했더니 '동댐이나 가라'고 한다. 나는 아무리 생각해도 동댐이가 무엇인지 생각이 나질 않는다. 그래서 '동댐이가 뭐냐'고 물었더니 돌아온 답은 'ㅋㅋㅋ' 였다. 둘째가 동대문이라고 설명을 해, 내가 배우는 학생이 맞나 하는 생각을 해보았다.

새 생명이 태어나고 하늘나라로 돌아가고 하는 자연의 섭리가 오묘하다는 생각이 든다. 죽고 사는 것도 마음대로 되지 않는다. 내가 잘 살고 싶다고 해도 마음대로 안 되는 게 인생사 인 것 같다. 그래도 열심히 살다보면 희망은 찾아오는 것이다. 오늘도 아이들에게 어떤 지혜에 말로 공과를 할지 고민하게 되는 날이다.

우리가 편하게 쓰는 말도 여러 사람이 즐겨 쓰다보면 사전에도 등록이 된다고 한다. 참으로 좋은 세상이다. 아름다운 한글을 우리가 잘 다듬고 가꾸어서 세종대왕의 뜻을 조금이라도 되새기는 계기가 되었으면 하는 조그마한 바램도 가져본다.

강화도 여행

가슴이 두근두근 하는 병아리들을 바라보며 '어떤 것을 주어야 더 배부르도록 먹일 수 있을까?'라며 노심초사하는 엄마 닭과 아빠 닭처럼 기쁘기도 하고 설레기도 하는 마음으로 기다리고 있다. 해마다 모꼬지 행사를 하는 어른 닭의 모습을 보면서 그대로는 못해도 흉내를 내야하는 마음으로 참가하였다.

강화도로 향하기 위해 속속히 학교로 모여들었다. 버스가 떠나기 전에 한 컷 한 컷 사진첩에 담아두었다. 곧 버스가 와서 출발을 한다. 연일 비 소식이 있다. 맑은 하늘은 아니지만 시원해서 좋다. 버스에서 각자의 자기소개를 하고 얼마 지나지 않아 강화도에 외포리에 도착하였다.

강화도는 우리 역사에 잊어서는 안 될 역사의 현장이다. 우선 강화도에서는 신석기시대의 빗살무늬토기가 다량으로 출토되었다고 한다. 채취와 수렵이 주 생활의 수단이었던 신석기인들은 아마도 섬에 살면서 물고기를 잡아 생활했을 것 같다. 특별히 강화도는 고려시대에 널리 알려지게 되는데, 고려시대에 몽고가 침입

했을 때 도읍을 강화도로 천도했고, 이곳의 목판인쇄소에서 팔만 대장경이 만들어졌다고 하니 외세의 침입에 나라를 지키려던 조상들의 투지가 느껴진다. 조선왕조 때에는 <왕조실록>을 보관하던 사고가 있었다. 조선 전기에는 춘추관과 충주·전주·성주 등 4곳에 사고(史庫)가 있었는데 임진왜란으로 전주 사고를 제외한 모든 사고가 불에 타버렸으며, 다시 춘추관 · 묘향산 · 태백산 · 오대산 등의 네 곳과 강화도 마리산에 새로 사고를 설치하여 <왕조실록>을 보관하였다고 한다. 그런 역사적인 현장 강화도를 방문할 수 있어 다행이다.

이동을 하여 여객선으로 버스를 싣고 갈아탔다. 갈매기들이 몰려와 우리들이 던져주는 새우깡을 받아먹는다. 갈매기들의 묘기 대행진을 보고 있자니 여객선은 보문사를 향해 떠나고, 갈매기들은 더 이상 따라오지 않는다. 얼마 지나지 않아 보문사가 있는 섬, 석모도 선착장에 도착했다. 여객선이 도착하려고 하자 또다시 갈매기들이 모여든다. 여객선에서 내려 잠시 갈매기들의 환영을 받았다. 다시 버스로 갈아타고 길을 따라 보문사를 향한다. 보문사 입구에 늘어선 장터는 갖가지 나물과 강화인심막걸리, 수삼 등 먹을거리가 관광지임을 알려준다. 고개를 들어 산을 바라보니 수려한 경치가 더 들뜨게 한다. 멀리 바다는 썰물이 나가서 개펄이 드러나 있다.

조금 올라가다가 수용 가족의 뒷모습도 한 컷 찍었다. 눈썹 바위까지 오르고 오르면서 온몸에 땀은 흠뻑 젖었지만 마냥 좋았다. 아이와 아내와 함께 온 학우도 있다. 눈썹바위로 올라가기 전 울타리기 쳐진 벤치의 전망은 정말 아름다웠다. 그 아름다운 풍경은 쉬어가지 않고는 견딜 수 없는 것이었다. 잠시 땀을 식히는데, 순호 동기가 차에서 나누어준 백설기 떡을 살며시 꺼낸다. 콩 한 쪽이라도 나누어먹어야 하는 우리네 인심이 그곳에서도 여실히 증명된다. 같이 올라간 우리의 일행과 사진 봉사해준 일행과도 떡을 조금씩 떼어 나눠먹었다. 잠시 땀을 식히다가 눈썹바위를 향하여 불공을 드리는 모습을 뒤로 하고 내려왔다.

내려오면서 두부, 오징어전, 순무김치와 마시는 막걸리 한 잔은 정말 맛이 있었다. 희민 동기 덕분에 갈증을 달랠 수 있어 감사하다.

다시 차에 올라 다음 행선지로 향했다. 건너편에는 섬과 섬을 이을 다리공사가 한창이었다. 새우깡은 가는 곳마다 갈매기들에게 인기였다. 물고기를 잡아서 배를 채우는 것이 아니라, 사람들이 던져주는 새우깡으로 배를 채우는 갈매기들을 보니 안타까운 마음이 든다. 그렇게 1박2일의 추억을 남길 수 있었다.

언론인

교회에서 아이들과의 새 학기는 이렇게 시작하였다.

1, 존경하는 사람. 손석희 앵커

2, 좋아하는 사람, 부모님

3, 장래 희망, 검사

긴장되는 마음으로 첫수업을 진행하면서 조심스럽게 이야기를 이끌어냈다. 아이는 망설이지 않고 책 표지에 자신의 감정을 그대로 쓰고 있었다. 그 모습을 보면서 한편으로 흐뭇하기도 하고 한편으로 조심스럽기도 했다. 내가 바른 언어로 잘 이끌어주어야 한다는 사명감까지 들었다. 몇 년 전부터 반 공부를 하면서 책을 깨끗이 사용해서 다음 학생을 위하여 물려줘왔던 교재다. 그런데 마치 이 아이를 위해 물려주었다는 마음이 든다. 내가 "그럼 이 육사는 어떻게 생각하니"라고 물었더니 좋아한단다. 그러면서 좋아하는 시인이 또 있다고 했다. 김소월, 정지용이 좋아하는 시인이라고 했다.

나는 고등학교 1학년 아이와 교감을 할 수 있는 생각만으로도 뿌듯했다. 나는 30년이 넘도록 비가 오나 눈이 오나 이 자리를 지켜왔다. 내가 헌신한 흔적이 이제야 뿌리를 내리려 한다는 생각에 가슴이 벅차고 설레었다.

반이라 해야 고작 4명이다. 그런데 한 명은 학원에 자격증 시험을 보러가고, 다른 한 명은 잠시 드럼을 치러가고, 한 명은 문자를 해도 반응이 없다. 그래서 나는 이 아이와 단둘이서 공부를 하고 있다.

"우리 백 명이 모였다 생각하고 공부하자."라고 말하니 아이도 그러자고 한다. 열심히 둘이서 공과공부를 했다. 그리고 어른 예배를 도와 시작하는 시간의 찬양하는데 한 아이가 드럼 봉사를 하고 온 모양이다. 다른 교사는 어른 예배에 왜 아이가 봉사를 해야 하는지 이해가 안 된다는 표정이다. 하지만 어머니의 큰 뜻이 있지 않을까 하는 마음도 들었고 공과를 한참 하고 있는데 숨찬 모습으로 들어왔고 책을 내밀면서 너도 써라 우리는 이미 다 했다고 하니 주저하지 않고 이 아이도 기록을 했다

1. 존경하는 사람, 아버지
2. 좋아하는 사람, 엄마
3. 장래 희망, 선생님

할아버지가 장로님이라 내가 물어보았다. 할아버지도 존경하지만 아버지를 더 존경한단다. "아버지가 태권도 도장을 하고 운동을 잘해서 그러니?"라고 내가 물었다. 그랬더니 "네 그런 것도 있어요."라고 대답한다. 그래서 나는 "무슨 운동을 좋아하니?"라고 물었더니 "축구도 좋아하고 운동은 다 좋아해요."라고 말한다.

"축구선수는 누구를 좋아하니."라고 내가 물으니 "박지성을 좋아해요."라고 대답한다. "그래 앞으로 어떤 선생님이 되든지 멋진 선생님이 될 것 같아."라고 말하며 그 아이와 같이 한바탕 웃었다.

지지난 주일에는 대부도로 수련회를 다녀오고. 이번 주일에는 귀향을 보자는 목사님 문자가 뜬다. 어떤 모습으로 그려졌는지 벌써부터 궁금해진다.

부족하지만 이 아이들을 위해 방송통신대 국어국문과를 선택했다. 힘들지만 겉모습으로 판단하지 않고 마음으로 판단하여야겠다. 나이는 숫자의 불과하다. 항상 아이들의 눈높이의 맞추어서 공부한다면 소통을 못할 이유가 없다는 생각을 또 확인한 주말이기도 하다.

4부

준비된 사람

미용실 가던 날

어제는 단골 미용실엘 갔다. 그런데 셔터 문이 닫혀 있었다. 그냥 돌아올까 하다가 잠시 어디로 가야 내 머리의 성질을 잘 알고 최대한 빠글빠글 볶아줄까 하는 생각에 잠긴다. 내가 다니던 단골집 건너편에도 헤어샵이 있고, 군데군데 또 다른 헤어샵이 보이지만 결정을 못하고 길을 걷는다. 그러다 우리 집하고 제일 가까운 곳에 있는 헤어샵이 눈길을 끈다.

내키지는 않으나 들어가니 아는 지인이 반가이 반긴다. 아는 지인이 있다는 자체만으로 그 집에 정감이 간다. 머리를 하기로 마음을 먹고 지인과 이런저런 이야기를 주저리 주저리하고 있자니 미용사는 의자에서 머리를 손질하던 손님은 다해야 내 차례라고 한다. 나는 "나는 머리가 잘 안 나오니 3시간 정도 말고 있어야 한다."고 나는 신신 당부를 한다. 이수역까지 다녀온 터라 마음이 급하다. 아이들과 저녁 약속을 해서 그 시간에 맞추어야 한다.

미용사의 어머니는 자기 딸이 손님을 많이 받아 기분은 좋으나 점심을 거르고 일하는 걸 보니 마음이 아픈가 보다. 베지밀과 초코파이를 사들고 오셔서 내가 아는 지인도 나도 나눠준다. 그리고 딸아이 입에도 초코파이를 넣어준다. 엄니의 사랑은 눈물겹다.

미용사의 어머니는 어제 만난 이웃집 언니마냥 친절하다. 말씨도 내가 어릴 때 들었던 억양이 귀에 익숙한 말씨라 더 정이 간다. 나는 머리를 말고 몇 시쯤 중화제를 하냐고 물으니 1시간 30분 정도 되면 해도 될 것이란다. 하지만 미덥지가 않아서 자꾸 묻는다. 세 번 정도해야 확실히 알지만 그래도 대충은 감이 오고 의약품에 따라 다르니 그렇게 하자고 한다. 해서 집으로 가서 있다가 제주에서 막내딸이 주문한 귤을 조금 들고 가서 아까 얻어먹은 보상이라도 하듯 드리니 미용실 친정어머니가 더 반가워한다.

그러더니 그녀의 말문이 트였다. 어릴 때 돌만 뒤져도 문어가 나오고, 낙지구멍을 잘 알아서 낙지를 잘 잡아다 드려, 친정아버지가 칭찬을 많이 하셨다고 했다. 부자였지만 학교는 다니질 않았단다.

가난한 삶을 살아온 어른들의 이야기는 책을 몇 권을 써도 모자란다. 가슴속에 담아두었던 못 다한 이야기가 봇물 터지듯 나오나 보다. 나보다 조금 뒤에 온 손님은 머리를 말고 기다리면서 옆에서 졸린다며 꾸벅꾸벅 졸고 있다. 내가 "이렇게 주거니 받거니 이야기를 하는데 잠이 오느냐?"고 물었다. 그랬더니 픽! 웃는다. 이야기에 공감은 하지만 끼어들 마음은 없는 모양이다.

그녀는 귤이 맛있다며 하나 더 먹는다. 그동안 내 머리는 곱슬거리기는 하지만 빠글빠글하지 않는다. 저녁 약속시간은 다가오고 마음은 급해서 그것으로 만족을 하고 미용실을 나왔다. 아이들과 약속을 지킬 수가 있는 것만으로도 흡족하다. 머리는 나중에 학우들을 만나면 평가는 해줄 것이다. 1년은 못 갈지라도 만족하고 즐거운 날을 보낸 하루였다.

남대문시장

남대문시장에는 세계인들이 다 모였나 보다. 몇 년 전에 새벽시장에 발 디딜 틈이 없을 정도로 많은 사람들이 모여들었던 때가 있었다.

시골 살 때는 먼 길을 오가며 새벽별을 따라 다닐 적이 있었다. 한동안 갈 기회가 없어서 가지 않았었는데 오랜만에 간 것이었다. 시장에서 머리염색, 드라이빗, 핀, 손톱 깎기, 목도리 짧은 것, 긴 것 사고 살 것은 많으나 다음을 기약했다.

다음 행선지를 향해서 가야 하는데 영락없는 시골 사람이 되어버린 것이다. 쇼핑센터를 들어가면 너무 길어서 길을 못 찾을까봐 지하도를 건너갔다. 그런데 그렇게 많던 전철역이 한곳도 눈에 보이질 않는다. 묻고 또 물어서 가는데 길거리 저편에는 남대문이 보인다.

구경을 하고는 싶지만 다음에 가야할 행선지를 향해서 달리고 달렸다. 시간은 얼마 남지 않았는데, 길거리 꽃 화단에 길게 봄 꽃들이 나를 유혹한다. 한 번만 돌아보고 가라고. 그래 사진은 한 컷 찍어야 예의가 아닌가 싶어 걸어가면서 몇 컷 찰칵찰칵 찍었다. 얼마 지나지 않아 지워질 사진이지만. 꽃이 떨어진 꽃술도 한 컷, 전철에서 서울 풍경도 한강도 한 컷, 그 역시 잠시 지나면 지워질 부질없는 일인 줄을 알지만, 물 만난 고기처럼 마음은 늘 설렌다. 자연하고 교감하는 자체만으로도 흐뭇하다. 누군가 옆에 있었으면 더 신이 났을 일이지만 그래도 오랜만에 나들이를 하는 것처럼 혼자 즐기고 있다.

서울을 한 바퀴 휘돌아오면서 동네 좌판에 파는 고등어 네 마리와 살아서 꾸물거리는 산낙지 큰 것 두 마리를 흥정해서 단돈 오천 원에 샀다. 조금 지나 채소 가게에서 상추, 콩나물도 샀다. 계란 직판장에서 오늘 들어온 달걀이라 해서 계란도 한 판 샀다.

식구들에게 먹일 생각에 속으로 흥얼거리며 바쁜 걸음으로 돌아오니 벌써 식구들은 시장해서 순댓국을 사러갔단다. 한 타임 늦은 시간이라 아쉬웠지만 다음 끼에 하기로 하고 순댓국만 신나게 먹었다.

그래도 오늘은 많은 추억을 쌓은 하루다. 기회가 되면 외국인들처럼 학우들과 서울 구경을 신나게 즐기고 싶어졌다.

우리 이보님들 하고도 어제 나도 과제를 제출했다. 늦깎이 공부하느라 용을 쓰고 다들 대단하다는 마음이 든다.

초가집

초가지붕은 따뜻하고 포근포근하다. 고구마를 납작납작 썰어서 지붕 위에 말린다. 찬 공기 따라 찬 서리 따라 꼬들꼬들 해시면 고구마빼깽이는 더 달달한 간식거리가 된다. 고구마빼갱이로는 물에 불려서 죽을 쑤어먹기도 한다.

엄마 몰래 사다리를 타고 올라가서 한 수머니씩 훔쳐 내린다. 고구마빼갱이를 한 입 물고 오며가며 먹다 보면 노는 것도 신나고 심부름도 즐겁다. 병아리가 물 한 모금 먹고 하늘을 쳐다보고 또 한 모금 먹고 하늘을 쳐다보듯 고구마빼갱이는 특별한 간식거리가 없을 때라 우리를 유혹한다. 시들시들할 때가 더 맛이 있었다.

겨울이 되면 가마솥 한가득 우물물 길어다 붙고 팥이랑 같이 넣어 고구마빼갱이 죽을 끓인다. 불작대기 잡고 노래 한 곡조 부르고 나면 팥도 고구마빼깽이도 잘 어우러져 온 가족의 한 끼 식사 꺼리로 탄생한다. 이웃하고 나누어도 풍족하다.

농한기 때면 지붕의 이엉을 갈아주기 위해 아버지는 겨우내

▲ 여수 오동도 여행 때의 아이들 사진

이엉을 엮으신다. 아버지는 농사철보다 더 바쁘다. 설이 오기 전에 새 옷으로 갈아입혀야 된다.

농촌에서의 볏짚은 정말 소중한 자산이다. 짚으로 새끼도 꼬고, 이엉이나 용마루를 엮이도 하며, 가마니를 짜기도 하고, 덕석을 만들거나 소의 먹이가 되기도 하며, 땔감이 없을 땐 훌륭한 땔감이 되기도 한다. 튼튼한 지붕을 위해서는 지붕을 촘촘이 새끼줄로 고정을 시켜야 튼튼하다.

나도 따라서 도와준다. 작은 손이 새끼를 꼬면 손에서 모아지지는 않으나 열심히 따라서 한다. 볏단을 빙 둘러서 움막집처럼 만들어놓으면 해님도 한 몫 한다.

어느새 양지쪽엔 지붕 이을 이엉들이 수북이 마당 가득 쌓인다. 이웃들은 함께 도와 여럿이 쭉 둘러서서 지붕을 잇는다. 사다리를 타고 올라서는 사람도 지붕 위에 올라간 이들도 한마음 한뜻이 되어 위채와 아래채를 씌우고 있다. 나도 살며시 올라가면 지붕에 바다가 한 눈에 들어오고 마음이 확 트인다.

옷을 갈아입은 지붕은 다른 집에 비해 노란 색깔이라 멀리 봐도 예쁘고 자랑스럽다. 봄이 되면 저절로 떨어진 박씨가 나서 자라며 또 지붕을 타고 올라간다. 박넝쿨을 따라 마디마디 주렁주렁 박이 열리면 놀부네 집처럼 풍성해 보인다. 해마다 바가지는 깨고 깨도 마르지 않는 샘물처럼 풍성하게 채워준다.

제주도 여행

제주도가 아름다운 섬인 것은 누구나 다 알고 있을 것이다. 그렇지만 말로만 해서는 얼마나 아름다운 섬인지 모른다. 나도 가봐서 잘 알지만 20대에 다녀온 터라 아련하다.

남편도 나도 여수가 고향이지만 남해에서 살면서 사귄 부부모임인 남편 갑원계 토끼들의 모임에 아내들이 같이 간 것이다.

▲ 제주도에서

한 친구는 시골에 살다보니 농사일 때문에 못가서 항상 아쉬워했다. 2014년도에 또 간다며 그때나 함께 가자고 했다. 그러니 다음에 중국이나 한 번 더 다녀오자고 한다. 제주도는 마음만 먹으면 언제든지 갈 수 있는 곳이라는 말이었다. 하지만 그게 말처럼 쉽지가 않아서 그 친구는 제주도에 못 갔다. 다른 이들은 잘도 갔다 오는데 말이다.

만장굴, 협재폭포, 분화구 한라산, 여미지식물원, 할망대바다, 검은돌바다, 똥돼지 마을……. 참 많이도 쏘다녀 다닌 듯하다. 우리 부부는 프로필 사진으로 말을 타고 찍은 사진만 기억에 남는다. '애마부인'이라는 영화의 촬영지였는지. 사진을 하도 많이들 찍어서 우리 부부도 말을 타고 찍은 사진이다.

따지고 보면은 남해섬도 제주도 못지않게 아름다운 곳이다. 여수도 오동도며 향일암도 가보지는 못했지만 너무나 아름답다고 다들 말을 한다. 등잔 밑이 어둡다는 말이 아마도 맞다. 그렇게 수없이 뱃길로 오갔으면서도 한 번도 가보지 못했으니 말이다.

고향 앞바다는 수평선이 닿을 듯한 곳이고 마을 뒤로는 병풍을 두르듯 아름다운 어머니 품속 같은 곳이다.

▲ 남편의 군대시절, 아랫줄 맨 왼쪽이 남편 박병채

준비된 사람

동기님의 새로운 모습을 발견하고 깜짝 놀랐다. 많은 연륜에서 녹아나는 신정성을 보고 감동했다. 누구나 그렇게 다 살아왔다고 할 수도 있겠으나 만나면 만날수록 진면목이 보인다. 마음의 문이 활짝 열린 것을 보고 감동을 받았다. 시골에서 손님이 오면 버선발로 뛰어나가 반가운 손님을 맞이하는 그런 사람이었다. 아련한 추억 때문에 나의 눈에 그렇게 보일 수도 있지만 아무튼 그 모습이 좋다. 나는 갑자기 시간을 내기가 어려운 처지라 염치를 무릅쓰고 남한산성을 가자고 했다. 그랬더니 그 동기님은 흔쾌히 승낙을 했고 다른 동기도 따라 나선다.

우리는 미아역에서 4호선 전철을 타고 출발했다. 동대문역사공원에서 2호선을 갈아타고 잠실에서 다시 8호선을 갈아탔다. 남한산성은 산성역에서 내려서 가야 한다.

부지런히 출발했지만 점심시간이 되어 배에서 꼬르륵 소리가 난다. 밥을 먹기로 하고 식당으로 가자고 하니 서로 대접을 하고 싶어 한다. 결정을 못하고 동기님 댁으로 갔다. 동기님 댁 옥상에 상추가 잘 자라고 있어 상추쌈으로 점심을 먹자고 한다. 그녀의 옥상에 올라가니 무화과나무도 있고 민들레, 채송화, 돌나물, 부추, 맨드라미 등 갖가지 식물들이 우리를 반갑게 맞아준다. 주인의 모습처럼 넉넉해 보인다.

조금은 미안했지만 상추와 부추를 한 바구니 뜯어왔다. 어느새 압력 밥솥에는 밥이 되었다. 그녀는 우리 몰래 삼겹살과 돼지불고기도 준비를 해주었다. 마늘장아찌, 고추장아찌, 다시마, 배추김치, 깍두기, 새우젓, 된장, 오이, 곰치……, 어느새 진수성찬이다. 누룽지까지 잘 먹고 나니 원님이 부럽지 않다.

점심을 먹고 나서 남한산성으로 가려고 밖으로 나오니 카니발 승합차를 대기해놓고 있다. 좁은 길을 타고가라고 오토바이도 대기해있다. 그녀는 우리를 남한상성에 태워주고 다른 약속이 있어 갔다 와서 합류를 하였다. 남한산성 성곽을 따라 많이 걸었더니 다리가 아프다. 다시 그녀의 차를 타고 구석구석 냇가를 따라 드라이브를 즐겼다. 모내기해 놓은 풍경이 내 고향에 간 듯 설레게 한다. 많은 추억을 담아올 수 있도록 구석구석 안내해준 그 동기님께 감사한다. 오래 오래 마음에 자리 잡고 있을 소중한 하루다.

경계선

"전라도와 경상도를 가로지르는 섬진강 줄기 따라 화개장터엔……."

박경리 소설가가 엮은 대하소설 『토지』에 나오는 최 참판댁이 있는 지역으로, 조영남의 노래로 유명한 화개장터다.

방송대에 다니면서 박경리 선생님이 작품을 쓰고 농사를 지으며 살던 원주의 박경리문학관에도 갔었다. 학생생활이란 젊음을 선사하는 참으로 귀한 추억의 한 페이지고, 난생 처음으로 체험하고 겪어본 일이라 좋았다.

화개장터는 남해에서 살 때는 봄가을 한 철에 한 번씩 나들이를 가기도 했다. 박경리 소설가 '최 참판댁'을 소재로 하여 '서희'를 주인공으로 『토지』 쓴 곳이고 해서 지금은 관광지로도 유명하다.

남해에 살 때는 여수MBC 방송을 자주 들었다. '가요앨범'이라는 프로그램으로 기억한다. 갑자기 방송을 듣다가 편지를 보내고 싶은 충동을 주체할 수가 없어 편지를 보냈다. 설마 했던 편지가

▲ 결혼식날 예식을 마치고 신신라사 앞에서 신혼여행을 가려한다.
하얀 중절모를 쓰신 분은 큰아버지.

채택이 된 것이다. 상품은 가족사진 촬영권이었다. 인터뷰 요청이 와서 방송을 타야함에도 인터뷰를 할 수 없는 상황이었다. 내가 면내에서 여성의용소방대 서무반장을 하던 때다. 남편도 의용소방대원이었다. 그런데 남편은 일이 있어 못 가고 나만 화개장터에 관광을 갔었다.

우리 일행은 삼성궁 쪽에 올라가고 있을 때쯤이었다. 내가 글을 써 보냈는데 그냥 남편하고만 인터뷰를 한 모양이다. 그 이후로 동네 사람들은 신신라사가 방송을 타서 유명해졌다며 이구동성으로 입을 모았다. 그 이후로 나는 무슨 배우나 된 양 새벽에 배를 마치면 매일매일 방송국으로 보낼 편지를 썼다. 성경 말씀도 썼고 일상사도 썼다. 전도를 하고 싶은 마음이 불길 번지듯 주체할 수가 없었다. 이년 동안 신나게 편지를 보냈다.

우정사업부에서 예쁜 글귀가 새겨진 수건을 선물받기도 했다. 그 이후로 김대중 대통령이 당선되었고 북한에 들어가 김정일과 만났다. 수십 년 만에 금단의 절벽이 경계가 무너지기 시작하고 통일이 된 듯 해 기뻤다. 경계선이란 인간이 만든 사슬이다. 마음만 먹으면 언제든 걷힐 수 있는데 우리 민족은 70여 년 동안 갈라져서 살아야 했다. 참으로 비참한 일이다. 그때 남들은 금강산 관광이다 개성관광이다 해서 북한에도 갈 수 있는 기회가 있 있지만, 나는 나중에 통일이 되면 가야겠다고 생각했다.

"구하라. 그리하면 너희에게 주실 것이요, 찾으라. 그리하면 찾아낼 것이요, 문을 두드리라. 그리하면 너희에게 열릴 것이니"라는 마태복음 7장 7절의 성경 문구가 떠오른다.

우리 가족은 다행이도 북한에 있는 사람은 없어서 절실한 느낌을 알 수 없지만 형제가 나뉘어져 산다는 것은 정말 비극이다. 어서 속히 통일이 이루어져 하나가 되어야 한다. 나의 '통일을 향한 꿈'은 지금도 여전히 진행 중이다.

고려청자

우리 조상 도공들이 일구어놓은 그릇, 고려청자를 바라보고 있자니 속에서부터 감동이 올라온다. 어떻게 이렇게 아름다운 색깔을 낼 수 있었을까. 어떻게 이렇게 아름다운 선으로 표현했을까? 공부를 하면서 늘 감사한다. 지금은 디자인의 시대라서 색깔이나 선을 얼마든지 낼 수 있지만, 그때 만해도 모든 걸 수공으로만 해야 했을 텐데. 정말 대단하다는 생각이 든다.

고려청자며 이조백자며 조상님들의 발자취를 따라 가다보면 역사가 보이고 우리 민족의 자존심이 보인다. 우리가 얼마나 문화를 중요하게 생각했는지 속에서부터 올라오는 감동이 인다. 고려의 문화가 얼마나 화려하게 불꽃처럼 성했으면 이런 아름다운 청자를 만들 수 있었을까 가슴이 벅차다. 세계에서 그 우수성을 인정받은 귀한 물품들이 된 것을 볼 때마다 한국인임을 자랑스럽게 여긴다.

가장 소박한 것이 가장 소중하다는 진리도 저 고려청자를 보면 이해할 수 있을 것 같다.

우리 민족은 흙으로 생활도구를 빚어 살아왔다. 투박한 밥사발 뚝배기에서부터 물을 담는 물항아리, 김치를 담아두는 김칫독……, 질그릇은 우리네 일상 속에 깊이 스며들었던 보석과 같은 그릇이다. 그 생활도구에서 만병통치약이었던 흙이 살아 숨쉰다.

벽돌 대신 벽도 흙으로 바르고 살았다. 언제나 마음만 먹으면 언제든 사용할 수 있었던 흙이다. 그리고 쓰다 버리면 다시 자연으로 돌아가는 흙이다. 흙에서 나서 흙으로 돌아간다는 순리의 법칙 같은 것이 우리 조상들에게는 있었던 것 같다. 공산품에는 애착 같은 것이 남지 않는다. 좋은 차도 세월이 지나면 버리게 되고 스마트폰도 시간이 경과하면 거침없이 바꾸어 쓴다. 세월이 지나도 여전히 그리워지는 것은 조상들의 지혜가 담긴 도자기, 질그릇, 나무제품 같은 흙에서 나온 물건이 아닌가 싶다.

산업사회를 겪으며 눈부시게 발전의 발전을 거듭하였지만 높은 건축보다 초가집이 그리워지는 이치리라. 졸졸졸 흐르는 계곡물이 그려지는 것은 우리가 흙을 그리워하는 이치일 것 같다.

그래서 사람들은 명절이 되면 먼 길 마다하지 않고 긴 시간을 허비하면서도 고향으로 돌아가는 것 같다. 오금이 저리고 어깨가 결려도 참아내며 가는 곳이 고향이다. 하지만 점점 그런 풍경도 얼마 지나지 않아 사라질 것만 같다. 점점 역귀성이 늘어나고, 명절 때면 아예 성묘나 고향을 가기보다는 외국여행이 우선시되는 시절이니 아쉬운 풍경들이 못내 아려온다. 다른 이들도 같은 마음이 아닐까?

두 마리 토끼

어제는 늘 다니던 단골 미용실에 들렀다. 저번에 파마를 한 머리가 길어서 조금만 커트를 하니 헤어드라이를 한 것처럼 한결 가벼워지고 시원하다.

방송대를 들어오고 많은 인연들이 있지만 특별이 기억에 남은 학우가 있다. 나이가 든 처녀 총각이 어디 한 둘이 아니겠지만 그는 총각이다. 특별히 지금까지 동아리에서 스터디나 비평이 있을 때, 모꼬지 갈 때 보는 사이다.

그런데 반가운 소식이 있다. 저번부터 캄보디아 아가씨와 결혼식을 올린다는 소식이 카톡방에 올라왔다. 이윽고 조금 날이 지나자 청첩장이 올라왔다. 시간을 내어 서로 축복해주자고 한다.

헌데 신랑 측의 부모님은 두 분 다 고인이 됐다는 문구가 눈에 들어온다. 막내라는 소리를 들었는데 마음이 짠하다. 언젠가 그가 쓴 '어머니'의 시를 한번 올린 적도 있어서 그때도 마음이 짠했다. 며느리를 맞이하는 어머니의 대한 시였다. 살아 계실 때 배필을 만나서 부모님께 소개시켜드리고 인사를 했으면 얼마나 기뻐하셨을지, 풀지 못한 숙제를 하고 가셨을 텐데 하는 아쉬움이 크다. 하지만 이미 지난 일인 걸 어찌하겠는가. 캄보디아 아가씨를 소개시켜준 학우의 남편이 선교사로 활동한다는 소식을 들었다. 신랑 어머니 대신해서 살림살이에 필요한 그릇도 사서 선물했다는 문구도 보았다. 참 좋은 일을 한다는 생각이 든다.

결혼식 날짜는 5월 20일. 우리 이보모임을 하는 날이다. 결혼식이 오후 3시 30분이니까 오전에 이보모임에 갔다가 가면 가능하지 않을까 하는 생각이 든다.

동아리 대표 말은 결혼식에 일찍 오란다. 일찍 와서 가족처럼 응원해주자는 말이다. 그리고 '비평'을 하는 날이니 비평에도 참석을 하자는 말이다.

그래서 결혼식에 예쁘게 참석하기 위해 미리 손질을 했던 것이다. 미용실에 가면 늘 방송대 이야기는 빠지지 않는다. 미용실 언니는 방송대 다니면서 남편을 만났다. 언니도 가정학과 4학년이고 동생은 이번 1학년 국문학과에 입학을 해서 이번 출석 수업도 받고 잘 다니고 있다는 말이다.

참으로 귀한 일이다. 공부도 하고 일도 할 수 있는 학교가 유일하게 방송대가 아니던가? 어쩜 내가 너무 떠들고 다닌 것은 아닌지 하는 생각도 들지만 어쩌겠는가? 힘은 들지만 많은 인생사를 배우고 있다. 우리 방송대 학우들과 만나노라면 진정으로 사람 사는 세상이란 생각이 든다.

이번 학기 이보모임에 특별한 분이 있다. 두 학과를 거쳐 국문학과에 들어온 학우다. 오래도록 좋은 인연으로 이어가는 학우님이 되셨으면 하는 바램도 가져본다. 아무튼 이보도 참석을 하고 결혼식도 비평도 참석할 수 있어 좋았다. 공부와 일, 두 마리 토끼를 다 잡는 삶이기를 소망해본다.

선물이라는 것

크리스마스 때면 새벽에 살며시 찾아와 주기를 기대하며 양말을 머리맡에 걸어 놓아두고 잠든 아이들이 생각난다. 무슨 선물을 가져다 줄까하는 부픈 마음과 설렘으로 잠든 아이들……. 그 설레임이 기대는 못 미치고 작은 선물이 들어 있어도 선물을 받았다는 것만으로 행복했던 유년, 활짝 미소 지으며 성탄을 맞이했던 그런 시절이 아련하다.

지금도 여전이 어디에선가 선물을 기다리고 있을 어른아이들이 있다. 교회에서 나누어주는 단 돈 500원과 소보루 빵 한 개, 봉사단체에서 나누어주는 밥 한 끼를 한없이 줄을 서서 기다리는 어른들……. 어른들이 아이가 되어버린 그런 풍경을 어느 매체를 통해서 볼 때 마음이 쓰리다. 그들 중에는 고향을 떠나온 이들도 있을 것이고 아이들 키우고 뒷바라지 하다가 제 한 몸 건사할 거처조차 불투명한 현실 앞에 놓인 이들도 있을 것 같다. 그런 사람들을 보면 상대적으로 손자들의 재롱이나 보면서 풍요롭지는 않지만 여유롭게 사셨던 우리네 어른들이 부럽기도 하다.

그 줄에 간혹 끼어 있는 젊은 사람들을 보면서 청년들의 일자리가 어서어서 주어져서 마음 놓고 땀 흘리며 일할 수 있는 환경이 되었으면 좋겠다.

그때는 어려운 시대였지만 콩 한 쪽도 나누어 먹으며 살았다. 작고 따뜻한 마음들이 모여 살던 그 시절이 그립다. 그땐 떡을 해도 이웃과 나누고, 김장을 해도 이웃과 나누며, 어디서 새로운 과자가 생겨도 이웃과 나누어먹곤 했다. 지금이야 조그마한 성의도 선물로 받아들이지만 그땐 나누는 것이 삶 자체였지 선물로 생각지 않았다. 그래서 세월이 흐르고 흘러도 그 시절이 그립고 소중한 추억으로 자리 잡고 있는 것이다.

굴뚝에 연기가 나야 그 집에서 밥을 굶지 않겠구나 하며 안심하고 바라보던 그런 넉넉한 심성들이 그립다. 고구마를 삶아도 들고 찾아와 정담을 나누고 먹던 풍경도 동지팥죽을 쑤어 집집마다 돌리던 인심도 이젠 볼 수 없게 되었다.

카톡방에서 한 지인이 팥죽 이미지를 올렸다. 팥죽을 진짜로 나누지 못하고 그림만 나누어도 마음이 푸근한 이유는 무엇일까? 나 역시 동짓날만 되면 올해는 팥죽을 쑤어서 이웃집이나 교회 식구들과 나누어먹어야지 했지만 실천하지 못했다. 그러다 이젠 그날조차도 기억의 저편으로 사라지면서 '아, 옛날에 그런 날이 있었지'라는 기억조차 사라질까봐 두렵다.

요즘 아이들은 영악해서 조금만 커도 산타클로스가 온다는 것을 믿지 않는다. 그리고 값비싼 인형 세트나 장난감자동차 세트 등을 사달라고 마구 떼를 쓴다. 너무 물질이 풍족해져서 나타나는 현상인 듯하다. 가족들과 크리스마스 선물도 나누고 이웃과 팥죽도 나누는 그런 연말이 되길 바래본다.

사람과 미물 · 1

SBS에서 '장병'이라는 제목으로 방영을 했다. 멕시코와 미국의 경계선에 벽을 치고 철조망으로 그물을 지고 금을 그은 것이나. 장벽에 가로막혀 철조망 넘어 혈육을 얼싸안아보지 못한 채 손은 철조망 구멍으로 나누는 정이 최선의 선택이었다.

트럼프 대통령이 미국인 자국민의 사랑을 이해해야 하는가 아니면 어떤 모습을 바라보아야 하는지 조금 안타까운 모습이다.

우리나라도 허리를 반으로 갈라놓고 이쪽저쪽 강대국들의 이익에 매몰되어 가야하는지 안타까운 마음이 들었다.

죽음을 무릅쓰고 탈북을 해 자유를 얻었지만, 부모와 형제가 그리워 눈물을 흘리는 것을 보면, 동전의 양면을 보듯 많은 것을 생각하게 한다.

사람과 미물 · 2

2017년도에 남북정상회담이 이루어졌다는 것이 믿기지가 않았다. 남과 북이 판문점에서 만나 담을 하나 사이에 두고 한 걸음 넘어왔다가 다시 남과 북을 오고가는 문재인 대통령과 김정은 위원장의 모습을 방송을 통해 보면서 대한민국 사람이라면 누구나 할 것 없이 가슴이 뭉클하지 않는 사람이 없었을 것이다.

전쟁으로 세계에 흩어져 살아가고 있는 가슴 아픈 우리의 역사를 돌아보면 남의 나라만의 일이라고는 볼 수가 없다. 눈에서 멀어지면 마음에서도 멀어진다는 말이 있듯이 말이다. 송해 방송인의 안타까운 사연들도 방송을 보면서 함께 눈물샘을 자극했던 적이 있다.

전국노래자랑을 오래도록 맡아 방송을 하면서 북에도 가서 MC를 보았던 모습도 가수들도 서로 북에서 공연을 하고 남에서도 공연을 했던 모습들을 보면서 흐뭇했다.

사람과 미물 · 3

부모님들 세대들은 전쟁을 겪어서 그런지 반공정신이 투철했다. 어린 시설 어려운 시설을 경험했지만 배가 고파본 경험이 없었던 것만 해도 감사할 일이었다. 어머니의 말을 빌리자면 바다에서 나는 해초류와 같이 밥을 지어서 먹었단다. 소나무 껍질을 벗었다든지 하는 소리를 들었을 때는 지나가는 이야기로만 들었다.

지금 생각해보면 고구마밥을 해줘서 먹는 것도 감사하게 먹으라는 무언의 경고였지 싶다. 보리는 맥추절 수확을 해서 먹고, 쌀은 가을 추수 때 먹었다. 보리도 귀했을 때지만 쌀값이 더 비싸서 그랬는지 보리를 도구 통에 씻어 검정 가마솥에 한 솥 끓여서 반은 소쿠리에 담아둔다.

저녁 끼니를 준비한 셈이다. 아침을 지을 때 보리가 양이 많아 쌀은 솥 한가운데 살짝 부어서 밥을 짓는다. 쌀은 살살 달래듯 섞어서 어른들의 몫이 되고 고구마를 같이 섞어서 먹었다. 지금은 웰빙 식품이지만 그때는 그게 싫었다. 아버지가 산을 일구어

▲ 좌로부터 큰집 큰시어머니, 김귀엽 시어머니, 시댁 작은아버지

장만하신 800평짜리 고구마밭은 온 가족의 양식을 충당한 소중한 터전이었다. 한낮 미물과 사람의 만남이지만 생명 양식이었고 살아갈 수 있는 원동력이었던 것이다.

대자연과 인간

우리 아들이 고등학교 3학년 때의 일이다. 추석 명절을 지내기 위해 나는 서울로 가고 아들은 시험 준비를 해야 해서 남해 집에 혼자 있었는데 아들한테서 전화가 왔다. 비가 너무 많이 와서 도로의 물이 가게로 들어온다고 했다. 가게는 걱정이 덜 되어 재단 다이 위에서 있으라고 했다. 태풍 '매미'의 위력이 엄청난 모양이다. 우린 주인집의 빈집들을 창고로 쓰고 있었다. 그 집 어른들은 다 작고하시고 빈 공간이 많았다. 우리는 닭을 기르고 있었다. 닭이라 해야 장닭, 암탉 두 쌍 정도였다. 그런데 교회교육관이 다 무너지고, 전해지는 말로는 슬레이트 지붕이 쌩쌩 날아다녔단다. 우리 집은 다행히도 별 탈이 없었다.

초등학교 뒷산에 있는 크고 오래된 고목들도 힘없이 쓰러져 있었다. 우리는 친구들이랑 일본을 다녀온 후로 쓰나미 광경을 보고 너무나 놀랐다. 인간은 아무리 과학이 발달해도 자연 앞에서는 힘이 없고 나약한 존재라는 것을 절실히 체험했다.

중국 황산에 올라갈 때 일이다. 올라가는 입구 쪽에서는 보슬

▲ 중국여행 중 석림에서.
앞줄 오른쪽에서 두 번째가 이옥순, 뒷줄 왼쪽 세 번째가 남편 박병채

비가 추적추적 내리고 정상 부근에는 눈이 많이 내렸다. 대자연의 위용 앞에 서니 인간은 정말 나약한 존재라는 사실에 대하여 긍정할 수밖에 없었다. 케이블카가 쉼 없이 그 많은 사람들을 실어 날랐다. 황산을 내려와 황제가 목욕을 했다던 온천에 갔다. 보슬비는 하얀 눈과 조화를 이루듯 여러 곳에 웅덩이를 만들어놓았다. 이런 황산을 점령이라도 하듯 온 사람들이 오르고 내려도 대자연은 끄떡없이 위엄을 자랑하였다.

57년생 닭띠 여자 친구들과 함께 일본 북해도로 여행을 간 적이 있다. 눈에 싸인 북해도는 온 사방이 마치 동화 속의 풍경처

▲ 시골 홍덕마을에서 주인할머니 박숙엽 권사님과 함게

럼 평온했다. 아무 일 없는 듯이 온천을 즐기는 사람들, 케이블카를 타고 올라가는 사람, 삼삼오오 모여앉아 맛있는 음식을 먹는 사람들, '천국은 이런 곳이로구나!' 생각했다. 눈 덮인 북해도가 나를 천국에 간 듯 느끼게 했다. 약간의 이슬비가 내렸지만 관광객들의 즐거워하는 모습에서 행복을 느꼈다. 나 역시도 행복한 여행이 되었다. 저녁이 되니 더 많은 사람들이 모여들어 관광지가 인산인해를 이뤘다.

2015년 가을, 우리 가족은 진부령을 지나 오색약수가 있는 설악산으로 여행을 갔다. 설악의 풍경을 보러가는 날도 보슬비가 내렸다. 한계령을 넘으려 할 때는 안개가 온 산을 뒤덮어서 한 발짝도 거닐 수가 없었다. 그래서 잠시 정상 휴게실에 들렀다. 많은 차들이 멈추어 있었다. 전 날은 안개가 끼어 한 발자국도 움직일 수 없었는데 다음 날은 햇볕이 쨍쨍하여 설악의 정상까지 올라갈 수 있었다.

깊은 산중일수록 날씨가 변화무쌍하다. 우리 인간은 그냥 기다릴 수밖에 없다. 우리는 끊임없이 산을 깨뜨려 길을 내고 터널을 내지만, 자연은 우리가 하는 일에 대하여 관찰하고 있다가, 사람들의 실수가 도를 지나치게 되면 천둥번개로 겁을 주고 산사태나 쓰나미로 응징한다고 생각한다. 자연을 우러르며 순리대로 살아가야 사람들이 자연 앞에 너무 까부는 것이 아닌가 하는 생각이 든다.

하나님께서 창조하신 자연은 하나님의 뜻에 맞게 훼손하지 말아야 한다는 것이 내 생각이다.

삶이란 그런 것인가

내가 태어나고 자란 고향은 수평선을 마주보고 있다. 병풍으로 가린 듯한 고향산천의 풍경은 금강산 못지않다. 어머니 품속 같은 곳에서 고향에서 친구들과 온 사방팔방을 뛰어다녔다.

이른 아침 눈 비비며 일어나 소 몰고 나가보면 부지런한 친구들은 벌써 나와 소꼴도 먹였다. 소는 소대로 무리를 지어 열심히 꼴을 먹고 우리들은 형 아우, 언니 동생 할 것 없이 어울려 놀았다. 남자들은 주로 제기차기 자치기를 했고, 여자들은 여러 개의 공깃돌을 만들어 공기놀이를 했다. 한 주먹 손 안에 들어올 정도의 돌만 있으면 한나절 신나게 놀 수 있었다.

여름철 학교에 다녀오면 해질 때까지 반복되는 일상이다. 그때는 소에게 꼴을 먹이로 가는 일은 항상 좋은 일은 아니었다. 귀찮고 놀고 싶었다. 그렇지만 지나고 보니 아름다운 추억으로 삶의 힘이 되어주었다. 내가 돌아갈 고향이 있다는 든든한 빽이었고 지금도 여전히 자리하고 있다. 나는 많은 사람들을 바라볼 때

▲ 나의 야간학교 시절,
왼쪽부터 이옥순, 김공예, 김남순 이종사촌오빠, 강끝맹, 오남예

편견 없이 바라본다. '긍정의 힘'은 나의 삶에 큰 힘이 되었다.

자연과 온몸을 부비며 뒹굴었던 산마루와 언덕길은 어머니 품 같은 곳이다. 내가 다닌 초등학교 정문 앞과 연결되어 있는 바다는 밀물이 들어올 때면 물이 학교 앞까지 바다가 출렁거렸다. 썰물이 나갈 때면 온갖 먹을거리가 사방에 널려있었다.

하지만 우리 고향 사람들은 한 끼의 먹을거리만 있으면 족하다고 생각했다. 게나 고동을 필요이상으로 많이 잡지도 않았고, 미역이나 톳을 너무 많이 뜯는 일도 없었다. 늘 넉넉한 마음으로 내어주는 신기한 바다가 있어 행복하다.

유년 시절을 보내던 어느 날 나는 친구들과 홀로서기 연습에 들어갔다. 초등학교를 졸업하고 집안일을 돕고 있던 나는 저녁이면 초등학교에서 열리는 야간학교에 다니기로 한 것이다. 교복을 맞추고 나니 마음이 들떠서 많이 설레었다. 큰오빠는 그때 잠시 초등학교 교사를 하던 터라 한문을 담당해서 가르쳐주셨다. 다른 선생님들은 영어, 수학 등 중학교 과정을 가르쳐주셨다. 낮에는 주로 홀치기를 했다. 누에고치를 풀어 여러 번 홀쳐야 명주실이 되었다. 그리고 집안일이며 무슨 일이건 닥치는 대로 일을 했다. 부모님들은 부모님대로 올케 언니들은 언니들대로 바빴다. 둘째 오빠는 아버지를 도와 농사를 지었다.

내가 야간학교에 가서 공부하는 것처럼 막내 오빠는 집안일을 돕다가 친구들이 고등공민학교 입학원서 쓰는 날 친구들과 원서를 내고 왔다. 형편이 어렵지만 가고 싶은 마음을 부모님들이 양보한 셈이다. 학교 가는 신작로길 건너 냇가만 지나면 논이다. 고등공민학교를 무사히 졸업을 하고 여수에 있는 상업 고등학교를 다니게 되었으며, 큰형이 상업고등학교를 나와 무역 회사를 다니던 터라 형님과 형수의 도움으로 공부를 할 수가 있었던 것이라 여겨진다.

막내오빠는 부산에서 군복무를 마치고 조선소 실험실에서 잠깐 일하다 항해사를 하기 위해 상선을 탔다. 여러 나라를 다니다가 고향인 여수로 갔다. 부산 영도에서 결혼하고 딸아들 놓고 살다가 외국으로 떠도는 동안 부모님들의 임종도 보지 못했다. 그렇게 시간이 흐른 후에 고향에 가서 여객선 선장을 하면서 열심히 고향 바다를 누비며 잘 적응을 하였다. 딸아이는 고향이 다르지만 적응을 잘하여 간호학과를 나와 직장을 성실하게 잘 다닌다. 아들은 적응을 잘 못하고 자신의 고향 영도로 돌아갔다. 아들을 가슴에 묻고 마음고생을 많이 했을 거라 여겨진다.

2014년 11월 3일로 기억한다. 막내오빠는 2012년도 여수엑스포가 열리던 해 사월 어느 날 췌장암으로 판정을 받았다. 서울아산병원에서 수술을 받고 회복 단계에서 그만 돌아가신 것이다. 2018년 6.13지방 선거를 앞두고 하나님을 영접하고 편안하게 하늘 길에 오른 것이다.

장손인 큰오빠는 초등학교 교사, 면 직원, 농협 직원을 거쳐 퇴직했다. 큰오빠는 우리집안의 기둥과 같은 존재다. 퇴직 후 농사를 도우며 우사를 조그마하게 지어서 아버지가 하셨던 대로 소를 길렀다. 정성을 다해 돌보며 적응하던 중소 도둑을 맞아 힘들어하는 것을 본 적이 있다. 방송국 뉴스에도 나왔지만 소를 찾지는 못했다. 소를 훔쳐간 도둑이 친구였단다. 그런데 소를 훔쳐갔던 친구가 죽게 된 것이다. 친구도 죽고 오빠도 하늘나라 가고 나서 한참 후에야 그런 사실을 알게 되었으니 어디에 가서 하소

▲ 남편 토끼띠 친구들과,
앞줄 남편 박병채와 이옥순 부부, 뒷줄 남편의 친구 윤용우, 정봉실

연을 하랴.

큰오빠는 장자 역할을 하기 위해 열심히 노력했다. 아버지가 산을 파고 일궈놓으신 800평의 밭에서 큰오빠는 고구마를 심고, 보리며 콩이며 다양한 잡곡을 심어 2남 4녀의 자녀와 우리 형제들의 먹을거리를 다 충당했다. 소와 한 몸이 되어 고구마도 캐던 밭은 경치가 너무 아름다운 곳이었다. 바다가 한눈에 내려다보였다. 그곳은 온 가족 먹을거리가 쏟아지는 보물창고였다. 그런 큰오빠에게도 가슴 아픈 일이 있다. 큰오빠의 둘째 딸은 1남 2녀를 두고 죽어서 여수시 소라면 봉두리 공원에 묻혀 있다. 큰오빠는 2남 4녀를 두었는데, 딸들 중 큰딸이 운명을 한 것이다. 새언니 마음이 얼마나 아릴까 짐작이 가고 남는다.

그곳에는 어머니 아버지의 가슴에 묻어둔 딸 셋이 나란히 항아리에 모여 있다. 아버지가 큰 돌을 가지고 돌담을 쌓아둔 곳이 바로 밭 뒤쪽 바다가 제일 잘 보이고 경치가 아름다운 곳이다. 밭에는 이름 모를 묘도 하나 있다. 그곳 바로 앞이니까 아버지는 일이 힘들 때면 그곳에서 쉬면서 딸들을 지키셨다. 당신은 그곳이 좋으니 그곳으로 가고 싶다고 하셔서 그곳에다가 모셨다.

그런데 어느 날 동네에 원자력 발전소가 들어온다고 소문이 돌았다. 그래서 아버지를 27년 만에 신작로가 잘 보이는 둘째 오빠 밭으로 이장을 했다. 어머니는 1994년 돌아가셨는데 어머니도 다른 곳에 계시다가 아버지와 함께 모셨다. 아버지는 건강하고 키도 아주 크고 건장한 남성이셨다. 이장(移葬) 때 뵈니 아버지는 기골장대한 골력이 그대로 남아 있고 이빨도 아주 튼튼해서 원형 그대로 살아 있었다. 어머니는 작은 체구이고 약해서 그런지 별로 흔적이 많이 남아있지 않았다. 간혹 작은아버지의 도움을 받기는 했으나 장손이 해야 할 일을 다 하시고 떠나셨다. 하지만 자녀들의 가슴에 많은 상처를 주고 떠나셨으니 그 또한 아쉬움으로 다가온다.

나도 친정에서는 막내이기 때문에 큰 의무나 책임은 없었다. 오빠가 셋이고 언니들은 오빠들 사이사이 태어나서 어린 나이에 세상을 떠났으니 나한테도 아들이 태어날 차례라 하셨다. 어머니 아버지는 말이 없으신 분이었으나 나를 많이 좋아하셨고 정을 많이 주셨다. 많이 못 가르치고 많이 못해준 것을 늘 아쉬워하셨다. 그 시대는 전기불도 없고 호롱불을 켜고 살던 시절이었으니 딸자식에게 공부를 안 가르친 것에 대해 이해는 간다. 호랑이 담배 피우던 시절 이야기 같으나 불과 50년 전 이야기다.

나는 친구들과 고향집을 나와 여수로 광주로 서울로 돌아다녔다. 현모양처가 되고 싶어 집에서 신부수업을 하고 있었는데, 변화 없는 나날에 이러다가는 안 되겠다 싶었다. 그래서 다시 여수로 와서 양재학원을 다녔다.

양재학원 나오니 재봉틀 일이 가능해졌다. 이것저것 재봉틀을 돌려 옷을 만드는 일은 신기하기도 하고 재미도 있었다. 집에서 옷을 만들던 어느 날 직물을 하던 언니와 학원원장이 남해에서 재단사를 구한다며 가보라 했다.

나는 집에서 하던 일을 접고 그곳으로 취업이 되어 갔다. 마침 그곳 주인은 양장 양복을 하던 분이셨다. 나는 그곳에서 양복점에서 자연스레 남편을 만났다.

그런데 주인이 서울로 이사를 간다고 했다. 그 바람에 남편과 나는 그 양복가게를 물려받아 사업을 시작하고 아이들도 키웠다. 그땐 모두 교복을 입었다. 그리고 고등학생은 교련복을 입었다. 여학생은 하얀 천사의 복장이었고, 남학생은 얼룩무늬 군복 복장이었으며 남자는 베레모 모자를 썼다. 우리 부부는 정말 열심히 교복과 교련복을 만들었다. 그때 힘든 줄도 모르고 밤을 새워 일하던 생각은 지금도 눈에 선하다. 그런데 교복자율화로 교복이 없어지고 양복 양장도 기성화 바람이 불어 점점 사라져버렸다.

1982년 여기저기서 돈을 빌리고 대출을 해서 여수에다 집을 샀다. 그런데 시동생이 결혼을 하고 나서, 무슨 사업이든 해야 하는 형편이라 그 집을 50만 원 손해를 보고 팔아 동생에게 사업 자금을 주었는데, 동생은 사업이 뜻대로 되지 않아 사업을 접었다. 그 후 동생은 관광 비자를 얻어 일본으로 간 모양이다. 오랜 세월 돌아오지 않아 기다리다 포기를 하던 찰나에 동생이 돌아왔다. 우리가 도움을 주고자 했지만 오히려 홀로서기를 망쳐버린 것이 아닌가 하는 마음이 들었다, 어쩌겠는가? 그 또한 큰 삶의 지혜를 얻었다고 생각되어진다.

논을 사다

흙은 사랑한 만큼 되돌려준다. 그래서 사람들이 땅을 사나 보다. 나는 지금도 여전히 흙을 사랑한다. 원 없이 흙을 사랑했다. 내 자녀들도 자연의 소중함을 몸으로 느끼고 알았으면 좋겠다.

논을 사고 나서 얼마나 설레었는지 모른다. 논을 살 때 나는 사글세를 살고 있었다. 집주인 어른의 권유로 강 씨 문중의 논을 샀다. 두붓집 아주머니는 나에게 차용증도 없이 삼백만 원이나 되는 큰돈을 믿음으로 빌려주셨다. 집주인 어른은 자식 챙기듯 꼼꼼하게 서류며 모든 절차를 밟아서 나의 소유가 되도록 해주셨다. 우리가 산 논은 우형마을 정자나무가 보이는 곳, 우리 가족이 세들어 살던 신신라사와 가정집도 함께 있는 곳이다. 집이 쓸모가 있어 가게에서 집으로 들어와 안방 창을 열면 바로 논이 보인다. 평수로는 삼백 평인데 세 다랑논으로 나누어져 있었고 마늘을 심으면서 비늘을 씌워왔던 곳이다.

땅을 오래 묵혀둔 탓에 비닐이 가루가 돼 있었다. 하나하나 일일이 주워서 포대에 담아야했지만 일은 먼지가 나도 힘이 들어도 신이 났다. 비닐과 함께 어우러진 마른 풀을 뽑아낼 때도 어디서 그런 힘이 나는지 전혀 힘들지 않았다. 겨우 내내 논에서 살았다. 시간이 지나니 옥도를 만들 수가 있었다.

동네 사람들 눈이 휘둥그레졌다. 옷만 잘 만드는 줄 알았는데 평생 농사만 짓는 자신들보다 잘 해내니 말이다. 어려움에 처하면 못할 일이 없다. 내가 누구의 자녀인가! 뼈가 휘도록 농사를 짓고 길쌈을 하며 몸소 보여주던 어버이의 자녀가 아닌가! 온 힘을 다해 교회도 열심히 가고 적십자, 의용소방대 서무반장, 초등학교 어머니 회장, 중고등학교 어머니회장 등을 봉사했다.

못 배운 한풀이라도 하듯 닥치는 대로 일을 했다. 품앗이의 묘미는 혼자 할 수 없는 일을 함께 하는 재미가 있었다. 무슨 일이건 가리지 않고 했다. 게다가 나는 사람들에게 잘 했다. 어머니의 넉넉한 심성이 내 몸에 배어있으니 기회는 이때다 싶어서 정성을 다했다.

새벽에 일어나 그날 논에서 먹을 먹을거리를 준비했다. 다른 논에 가서 가지고 나온 새참을 보고 새로운 음식을 준비해 나갔다. 가끔 찰밥도 하고 국수도 삶아 나가고 과일이라도 색다른 것이 있으면 푸짐하게 차려 나갔다. 이 들판의 밥상은 어느 궁중의 진수성찬의 만찬보다 훌륭하고 푸짐했다. 그런 악착같은 정성들이 주위를 감동케 하고 우리 부부를 인정받게 했다.

우리 논은 천수답이나 마찬가지였다. 논에 봇물이 들어와야 하는데 우리 논까지 봇물이 들어오는 것은 무리가 있었다. 밤새 논

물을 지켜도 내 논에 물이 들어오지 않았다. 때문에 비가 많이 와서 물이 위 논에서 자연스레 내려와야 하는데 비가 오지 않으면 하늘만 쳐다보고 신에게만 의지를 해야 하는 처지였다.

어느 해 봄인가. 고랑에 웅덩이 물이 있어서 양수기를 사서 물을 펐다. 쩍쩍 갈라진 논의 물이 허비되지 못하게 남편이랑 어두운 밤에 맨발로 밟고 있는데 누가 소리를 지른다.

여름밤 정자나무 밑에서 사람들이 도란도란 모여 있으면서 나는 소리이거나 다른 사람들이 다투는 모양이겠지 하고 열심히 밟고 있었다. 그런데 점점 소리가 가까워졌다. 분명 우리 보고 하는 소리인 것을 뒤늦게 알아차렸다. 남편은 도시에서 자라서 농촌의 물정을 몰랐다. 형하고 마주치는 게 민망해서 그런지 빨리 집으로 가버린다. 어쩌겠는가? 해결은 나의 몫이었다. “도랑물이 어디 당신의 고랑이냐?”고 삿대질을 했다. 큰싸움은 아니라 그냥 지나갔다.

나중에 알고 보니 고랑에 고인 물은 웅덩이에서 고여 보를 타고 졸졸 논으로 자연스레 흘러 들어가야 하는 물이었다. 그것이 조상 대대로 내려오는 지혜이고 당연히 이어져가는 순리였다. 그 순리를 거스른 것이 화가 나서 쫓아온 모양이다. 나중에 사과를 하였다. 그 집의 어머니는 권사님이시고 며느리는 교회에서 교사, 나는 유년부 부장이었고, 참으로 부끄러운 일이었다.

그 후 우리 논은 동네에서 경지정리를 했다. 복곡저수지에서

▲ 친정엄마의 생신 때 전남 여천군 화양면 이목리 신기마을 어르신들, 앞줄 맨 오른쪽에 뒷모습을 보이고 서 있는 사람은 친정 큰새언니 김연자 님의 모습

물이 보를 타고 들어와서 물 걱정은 없어졌다. 하지만 집을 지을 곳은 안 된다. 그래서 친구가 부모에게 물려받은 논을 사고 땅을 빌려 다시 농사를 늘렸다. 그곳에서 친정어머니가 하시던 상추, 고추, 깨, 팥, 녹두 등 밭농사를 지었다. 어머니는 돌아가시고 없지만 새언니가 어머니 대신 와서 보고 흐뭇해 하셨다.

친구에게 산 그 논 역시, 사고 보니 천수답이나 다름이 없었었다. 남편과 나는 허물어진 논두렁을 정비하고 도랑을 만들어 옥토로 만들었다. 거기 역시 물이 한 곳은 수로를 따라 들어가지만 다랑논 세 곳은 천수답이다. 제일 위는 어쩔 수 없이 밭을 만들고 두 배미는 이웃집 논 양수기에 호수를 묶어서 아침저녁으로 물을 펐다. 천수답이다 보니 물이 빨리 마르고 비가 많이 오면 바로 길옆 비탈진 산 밑이라 흙덩이가 논으로 차고 들어와서 벼를 덮쳤다.

전에 쌓아둔 언덕이 자주 무너져 매번 다시 쌓아서 농사를 지어야 했다. 원인을 찾아보니 물이 많이 들어와 있으면 터진다는 것을 터득했다. 물고를 깊이 파고 적당량의 물을 유지케 해두니 터지는 것을 예방할 수가 있었다.

학자금 대출

어느 날 아이들의 학자금을 대출하려고 농협에 갔다. 학자금 대출을 받으려면 땅이 삼백 평이 넘어야 이자가 적은 돈을 빌릴 수가 있다는 말을 듣게 되었다. 헌데 막상 대출을 받으러 갔으나 대출을 받을 수가 없었다. 집을 사면서 대출을 한 돈이문제가 되었다.

우리들은 공부를 모르고 살아도 문제가 안 되는 시절이었지만, 아이들을 학교를 보내야하는 것은 부모의 사명이라 생각하였다. 참기름집 어른들하고 부모님처럼 가깝게 여기며 지내는 사이라 사정 이야기를 했다. 그랬더니 땅을 팔지 않고 농사 자금을 받을 만큼의 땅을 채워주시겠다고 하신다. 참으로 감사한 어른들이시다.

그리하여 나는 정식으로 농협조합원이 되었다. 그리고 학자금도 융자받았다. 그런데 이 어찌 된 일인가? 사업이 점점 하향길로 접어들었다. 여기저기서 돈을 빌려도 밑빠진 독에 물 붓기였다. 처음엔 시동생이 사업을 하면서 대출금 이자를 다달이 부어주다가 일본으로 들어가면서 뚝 끊어졌다. 불어나는 이자에 도저히 견디기가 힘들었다.

나와 남편은 결단을 내려야 했다. 남편은 서울에 있는 형을 찾아가 일자리를 마련했다. 나는 아이들이 아직 어리고해서 가게를 지켰다. 옷 가게며 수선 교복도 다시 부활되고 했으나 읍내에 가서 맞추는 아이들도 많았고 학생 수는 점점 줄어들어서 그도 힘들었다. 어려운 학생들을 위해 수선이라도 마음 놓고 할 수 있도록 하고 싶어서 끝까지 패션쇼까지 매달리며 유지를 하고 싶었으나 그 또한 포기를 하게 되고 말았다.

마음의 문을 열다

인(仁)이라는 공자의 사상을 잠깐 생각해본다. 어질다. 어질게 산다는 것은 참으로 어려운 일일 것 같다. 어떻게 사는 것이 어질게 사는 것일까? 무골호인으로 뼈 없는 사람처럼 남의 말에 수긍하며 사는 것이 어질게 사는 것일까?

임금은 임금답게 하라는 문구가 있다. 다음은 신하는 신하답게 처신해야 한다는 말도 나온다. 그리고 백성은 백성답게 살아가야 한다. 그런 사고를 주자는 책으로 인용하고 저술했다. 주자는 양왕명과도 서로 다른 주장을 내세우며 격물치지, 이, 기론으로 다른 생각을 주장했다. 노자가 말하는 권력의 기술 언어의 달인이다. 동양 철학 산책을 공부하면서 인용한 말을 빌리자면 '관자'의 말처럼 "한 마디 말이 없어지면 천하의 모든 사람이 복종하고 한 마디 말이 정해지면 천하의 모든 사람이 경청하게 되는 것이다."

과거 한나라당으로 3당 합당이 이루어지고 김영삼이 깃발을 흔드는 순간 노무현이 홀로 '이의 있습니다'라고 외치던 순간이 그의 서거 후에도 자주 방영되었던 것은 그의 말 한 마디 말이 우리 정치사의 질곡을 그대로 그려낸 담박한 말 천하가 경청하는 그런 말이다.

그런 말은 예나 지금이나 변함이 없을 것이다. 노자(老子)의 '중후함'이란 이렇게 다시 왕필이 긍정하듯 자기를 잃지 않기 위해서인 것이다. 증자는 공자가 생각했던 모습을 이렇게 묘사하고 있다. 선비는 포용력이 있고 강인해야 한다는 것이다. 책임이 무겁고 갈 길이 멀기 때문이란다.

그러나 공자는 무거움의 대해 조금 더 나아간다. 선비의 책임 있는 행동과 포용력이 있고 강인한 사람이 되어야 한다고 갈 길이 멀기 때문이라고 말하고 있다. 그렇게 인용한 말처럼 고려, 조선 유교사상이 이어져오고 뿌리를 내렸다. 하지만 그 또한 오래가지 못하고 문을 열어주어야만 했다. 일본이 명나라를 치기 위해 우리나라를 거쳐서 갔던 것처럼 병자호란, 임진왜란, 육이오를 거쳐 외세에 침입을 당해 어려운 환경을 만들었음에도 꿋꿋하게 지켰다.

지금은 통일을 앞두고 우리가 어떤 마음으로 마음의 문을 활짝 열 것인지를 고민하고 또 고민해야 할 때라 여겨진다.

우리의 혈육이 고통 가운데 살아가는 모습은 가슴 아픈 일이다. 지혜를 모아 형제자매가 얼싸안고 마음 놓고 자유를 위해 노력하고 해야 할 것이다. 어제 저녁에 TV에서 탈북한 부모의 이야기를 다룬 <이제 만나러 갑니다> 프로를 보면서 가슴이 먹먹

했다. 아들을 두고 나와서 육 년 만에 상봉하는 것을 보았다.

이제는 형제들끼리 마음의 문을 열어야 할 때라고 여겨진다. 이미 많은 이들이 혈육을 찾아 만나고 싶었지만 세상을 떠났다. 얼마 남지 않은 사람 중에 송해, 전국 노래자랑 MC가 유일한 생존자가 아닌가.

다시 인(仁)에 대해 생각해본다. 이강엽은 그의 저서 『살면서 한 번은 논어』라는 책에서 "인(仁), 사람을 뜻하는 '인(人)'에, 둘을 뜻하는 '이(二)'가 붙어서 생긴 글자로, 곧 '두 사람 사이의 관계'를 드러냅니다. 사람이 하는 일은 언제나 자기 이외의 다른 사람과의 관계 속에서 이루어지기에 자기 안에 있는 욕망 때문에 그 관계를 해치는 일을 해서는 안 됩니다. 그래서 공자는 군이 '극기(克己)'라는 말까지 써 가며 '눌러 이겨야 할 무언가가 있다'고 강조한 것입니다."라고 말하고 있다.

따라서 인(仁)을 이루려면 남과 잘 살아야 한다. 나의 생각을 누르고(극기하고) 남의 생각을 동조하며 따라야 한다. 남편의 생각, 자식의 생각, 동료의 생각을 들어주는 것이 인일 것 같다. 나는 독선이 없는 사람이라 자화자찬한다. 하지만 그것이 인(仁)은 아닐 것 같다. 인(仁)은 자신의 뜻을 분명히 세우되, 다른 사람들과 잘 어울려 사는 사람을 말하는 것일 것 같다.

교회수련회에 다녀와서

우리는 안산 대부도를 향해서 떠난다. 교회에서 최임범 전도사님의 기도를 시작으로 차량 두 대를 나누어 타고 출발했다.

학생으로는 홍승민, 유수민, 김의진, 유건호, 강신훈, 김주은, 김주하 등 7명과 교사로는 유계명, 임원빈, 백숙희, 이옥순, 박효빈, 황예은 등 6명, 그리고 최인범, 임준오 전도사님 두 분과 은혜 가운데 잘 다녀왔다.

올해는 서울에도 겨울에 눈이 펑펑 내린 적이 없어 눈 구경을 한 번도 못하고 넘어가려는 모양이다. 날씨가 화창하고 파란 하늘을 마음껏 볼 수 있어서 좋았다. 출발을 시작으로 최인범 전도사님이 가는 동안 노래를 음만 듣고 맞추는 게임을 하기로 하고 수민이가 이끈다. 음원차트로 유행했던 노래와 몇 년도에 나오고 가수의 이름까지 알아야 하는 것인데 건호가 제일 많이 맞춘다. 참 신기한 일이다. 전주 소리만 듣고 의진, 신훈, 수민, 건호 그렇게 신나게 맞추면서 가다가 주은이와 주하를 강서에서 태웠다. 다시 시작되고 역시 음만 들어도 척척 잘도 맞춘다. 승민이는 다른 차를 타서 참여하지 못했다. 역시 잘 할 수 있었을 거라 믿는다. 우리 민족뿐만 아니라 노래를 참 좋은 것 슬플 때는 위로의 메시지로 기쁠 때는 기쁨의 메시지로 감성을 이끌어낸다.

한참을 달리다보니 드디어 목적지인 안산 동네 23호 칼국수집 할머니가 해준 바지락 칼국수와 해물전 김치전 꽁보리밥에 열무김치 비빔밥을 먹었다. 식사 후에 시화호 전망대로 올라가 인천 바다와 시화호 진경이 한 눈에 볼 수 있었다. 탁 트인 자연이 준 풍경을 둘러보고 끝없이 펼쳐진 수평선을 감상하고 내려와 바다를 배경으로 촬영을 했다. 다음의 최종 목적지인 대부도 펜션타운을 향해서 달리고 달렸다. 갯벌 체험을 했던 장소며 펜션들이 집성촌을 이루듯 옹기종기 모여서 손님맞이에 분수하다. 우리 교회에서만 온 것이 아니고 여러 다른 교회에서도 수련회를 와서 족구장에서 족구도 하고 팀을 나누어 신나게 즐겼다. 노을이 지는 풍경은 참으로 감탄을 자아내지 않을 수가 없었다. 복잡한 도시에서 벗어나 잠시나마 자연을 벗 삼아 즐긴 것이다.

짐을 풀고 기타의 선율에 맞추어 찬양을 하고 성경은 디모데전서와 후서를 돌아가며 한 절씩 읽고 다음은 스피드 게임을 시작해서 문제를 주고 온몸으로 표현을 해서 맞추는 것이다. 돌아가며 한 시간 남짓 하고 임준오 전도사님의 말씀도 듣고 찬양하고 기도하고 저녁을 먹고 최인범 전도사님의 말씀과 기도로 마무리했다.

펜션은 2층에 화장실 1개 방 2개 1층에는 방 1개 거실이 넓어서 남자들은 거실과 방에서 취침을 하고 2층에서는 여자들이 취침을 했다. 쉬는 시간에는 오락 공간이 지하에 있어 탁구와 당구도 치며 놀았다. 학생들과 교사 전도사님 두 분이 함께 주거니 받거니 탁구를 쳤다. 공은 하늘로 오르락내리락 했는데, 그 풍경이 협력하여 선을 이루는 공동체의 정체성을 살리는 것 같아서 마음이 뿌듯했다. 그러한 모습이 아름다워 폰에 담기도 했다. 노래방도 있어서 자신의 역량대로 신나게 노래도 한 곡조 부르는 시간이 되었다. 날마다 하루 종일 쳐다보게 되는 휴대폰은 조금 덜 본 듯하다. 현대인들은 너나 나나 누구나 휴대폰만 바라보는 것이 평소 조금 안타까웠는데 휴대폰을 놓고 탁구를 치는 풍경이 유익해보였다.

바로 옆에는 용사촌이 있었다. 국가와 민족을 위해 공헌한 분들의 이름이 비석에 거룩하게 새겨져 있었다. 나는 진심에서 우러나는 마음으로 고개를 숙이며 혼자만의 감사 기도를 드렸다.

칼국수 할머니의 말을 빌리자면 할머니가 장사하는 곳은 안산이고 바로 앞 큰 도로만 지나면 인천이란다. 세월호에 희생된 단원고등학교도 바로 그곳에 있다는 말을 하셨는데, 그 말씀을 듣고 있자니 그때 모습이 떠올라 가슴이 먹먹했다.

그렇게 수련회를 마치는 예배와 함께 펜션 앞 잔디밭에서 기념촬영을 하고 서울로 돌아왔다.

돌아온 다음 날이 주일이라 수련회 보고예배를 드렸다. 우리의 고유명절을 앞둔 주일이기도 하다. 교인들과 새해에 덕담을 하고 인사를 나누었다. 떡국을 먹으며 또 한 살을 먹는다고 생각하니 착잡한 마음이 들었다. 어릴 때 설날은 정말 설레는 날이었는데, 이젠 그냥 하나의 명절에 지나지 않는다. 점점 간소화되고 축소되기는 하지만, 우리의 후손들이 대를 이어 지켜나갈 아름다운 명절이라 생각한다.

유익한 수련회였다.

가정

가정이라는 말은 한 공동체의 최소단위다. 사람은 가정이라는 틀에서 시작하고, 가정이라는 틀에서 도전하며, 가정이라는 틀에서 재충전한다. 가정은 한 가족이 뿌리를 내리고 일가를 이루면서 삶을 살아가는 기본단위다. 누구나 처음 태어난다. 탄생은 하나님이 우리에게 준 최고의 선물인 것 같다.

막내딸이 결혼을 하고 얼마 지나지 않아 아들 손자를 낳았다. 보기만 해도 생각만 해도 너무나 귀엽고 예쁘다. 다른 사람들이 휴대폰에 손자들 사진을 넣어가지고 자랑할 때면, 저렇게도 예쁠까, 저렇게 자랑하고 싶을까 의아하게 생각했는데, 이제 내가 손자 바보가 되어간다. 생각만 해도 너무 좋다. 휴대폰의 사진만 봐도 저절로 웃음이 난다. 최초라는 것은 신비할 뿐만 아니라 이 상세계에서 얻어지는 고귀한 선물 같은 것이기도 하다. 손자를 생각하면 행복해진다.

손자가 태어난 지 벌써 석 달이 지나가고 있다. 곧 백 일을 앞두고 있다. 정말 너무나 소중하고 귀해서 조심조심하고 있다. 새

▲ 막내딸 박혜미의 아들 전영후의 백일사진

생명의 탄생을 온 가족은 바라보며 끈끈한 공동체로 이끌어주시는 하나님께 감사기도를 드린다.

손자가 태어나고부터 우리 가족의 모든 관심사는 손자에 대한 이야기뿐이고 초점은 오직 한 곳, 아이가 있는 곳으로 모여진다.

산모는 배는 점점 불러오고 산달이 가까워지자 무섭다는 메시지를 보낸다. 큰언니가 '괜찮아'라고 위로의 말을 해주며 안심을 시킨다. 막내딸은 자신이 간호사를 하면서 겪고 느낀 일들이 생각났나 보다.

딸아이는 양수가 약간 흘러나오는 느낌이 있어 자신이 다니던 병원을 찾았다. 담당의사가 없어서 불안했다. 다른 의사는 하룻밤을 입원을 해서 지내며 수술을 해야 할지 자연분만을 해야 할지 결정을 해야 한다면서 입원을 권유했다. 입원을 하고나니 산모는 한결 걱정이 줄어들었다. 이튿날 당당의사가 왔다. 딸아이는 담당의사의 말을 들으며 자연분만을 하기로 했다. 전화로 카톡으로 듣는 딸아이의 출산 중계방송은 바짝바짝 입이 마르게 한다.

드디어 딸아이가 순산을 했다는 카톡을 받았다. 내가 막내딸을 낳던 생각이 떠오른다. 참 수고했다. 막내사위에게도 축하를 보낸다. 일하고 있는데 카톡에다 아이가 태어난 장면을 그 모습 그대로 찍어서 보내주었다. 지금 막 탄생했다며 보내온 사진에는 아이의 알몸이 있고 탯줄이 잘린 모습도 그대로 있었다. 그런 모습은 처음 접해보고 반갑고 신기했다.

산부인과병원에서 잠깐 있다가 산후조리원으로 옮겼다. 산후조리원에서 14일 정도 있다가 친정인 미아동 우리 집으로 왔다. 나는 최선을 다했다. 14일 정도 회복을 거쳐서 자신들이 살아갈 둥지로 돌아갔다. 지금 열심히 육아교육 중이다.

어제는 남편과 음식을 이것저것 만들어서 바리바리 싸들고 딸아이가 사는 먹골역까지 갔다가 왔다. 혹시 설에 못 와도 서운하지 않으니 아이 잘 돌보고 있으라며 응원을 보내고 왔다.

가정이란 그런 곳인가 보다. 생명을 탄생시키는 곳, 서로 목숨을 나누어가지는 곳이 가정이다. 서로 걱정해주고, 서로 위로해주며 끈끈한 정을 나누는 곳이 가정이다, 그 사랑이 공동체를 이루고 사회의 일원이 되어 튼튼한 나라를 이끌어간다.

가정은 설렘의 모천(母川)이다. 고맙고 무한 감사한 일이다.

5부

내게로 온 편지

TO. 이옥순 선생님

안녕하세요. 저 평신도 성현이에요.

갑자기 서울로 가신다고 하시니까 서운하고 슬프네요. 제가 어릴 때부터 선생님을 만나본 것 같은데…….

우리가 함께 했던 시간이 꽤 긴 것 같아요. 그래서 선생님은 못 잊겠어요.

이때까지 우리 학생회 하나멜을 보살펴주시고 많이 도와주시고 키워주셔서 감사합니다.

이 은혜 꼭 보답하겠습니다.

우리 하나멜이 크게 성장해서 멋진 모습 보여드리겠습니다.

선생님 슬픈 일이 있으시더라도 기뻤던 일을 생각하세요! 그리고 힘내세요..

서울까지 안전하게 가시고 적응 잘 하셔서 건강하시고 행복하세요

주안에서 사랑합니다~♥

- 2007년 8월 25일. 성현 올림.

안녕하세요 선생님

저 유은이에요.

이사 간다는 소리 듣고 많이 서운했어요.

아직 많은 시간을 함께하지 못했는데…….

이렇게 일찍 가신다니,

서울 가셔도 교회 열심히 다니시고.

건강하세요. 우리 축제하면 보러오세요.

우리걱정 하지마세요.

- 유은 올림.

안녕하세요, 선생님♡

저 예은이에요.

아직 같이 지낸 시간이 일 년도 되지 않았지만

이사 간다고 하시니 많이 아쉽고 서운했어요.

서울에서도 건강하시고 교회 열심히 다니세요.

다음에 남해에 놀러오세요^^

- 예은 올림.

이옥순 부장선생님께

이옥순 부장선생님 안녕하세요.

전 하나멜의 회장 선영이에요.

영원히 우리와 함께 해주실 줄 알았는데 이렇게 갑자기 서울로 이사를 가신다는 말을 듣고 너무나 놀라고 죄송했어요.

항상 뒤에서 우리를 돌봐주시고 우리를 위해 기도해주셔도 그 감사함을 잘 깨닫지 못하고, 그 사랑이 당연한 줄로만 여기고 지내왔는데, 이제야 그 사랑과 희생을 깊이 깨닫게 되었어요.

우리를 위해 눈물로써 해주신 기도와 우리가 바른 길로 갈 수 있게 열심히 준비하여 해주신 귀한 말씀, 그리고 우리를 위한 사려 깊은 행동 하나하나 모두에 정말 감사드립니다.

서울 가서도 저희 잊지 마시고 적응 잘 하셔서 믿음생활도 열심히 하시도록 기도할게요. 그리고 전 하나멜의 회장으로서 우리 하나멜을 잘 지키고 있겠습니다. 걱정하시지 마세요!

그럼 이만 편지를 줄일게요.

항상 건강하세요. 사랑합니다 ♥

안녕히 가세요.

- 2007년 8월 25일. 선영 올림.

이옥순 선생님께

안녕하세요? 저 한솔이에요

우리 하나멜과 당항교회와 언제나 함께 하실 것 같던 선생님이 떠나신다니, 아직까지 잘 믿기지가 않아요.

전혀 생각지도 않았던 선생님께서 가신다니 더 아쉽고 서운하네요.

여기 계실 때 더 말 잘 듣고 잘해드렸어야 했는데……. 아쉬움이 많이 남지만, 서울 가셔서도 더 믿음 생활 열심히 하실 선생님이란 걸 아니까 더 큰 믿음생활의 길로 가시는 거라 생각할게요.

주일학교 때부터 다른 선생님들보다 더 열심히 전도하고 교회 행사에 참여하시는 것을 보고, 어린 마음에는 왜 저렇게 아무 보상도 없는 일에 열심일까……. 하고 이상하게 생각했었는데 지금 와서 조금은 생각이 자라서 보니 그게 아니었어요.

선생님이, 그리고 우리가 바래왔던 우리 하나멜의 더 큰 부흥! 아직 완전히 이루려면 더 많은 어려움이 남았지만, 선생님 덕분에 나름대로 많은 걸 이룬 것 같아요. 아직 잘 다루진 못하지만 악기도 시작했고, 아직 부끄럼 많이 타지만 찬양인도도 시작했어요.

아직 이루어야 할 것들이 많이 남았어요. 선생님 없이 저희끼리 이뤄나가기엔 많이 부족하겠지만, 선생님의 헌신과 열정 생각하면서 노력할게요. 남해 오시기 힘들겠지만 축제 때는 오셔야죠??

저도 최대한 빨리 다시 남해로 와서 선생님처럼 멋진 하나멜 선생님이 될 거에요. 이렇게 갑작스럽게 이별하지만, 하나멜의 끈질긴 인연이 다시 만나게 해 줄거라 믿고 있을게요.

선생님! 고마웠습니다.

2007. 8. 26.

- 하나멜 전 회장, 최한솔 올림.

To. 사랑하는 이옥순 선생님께

안녕하세요? 저 성준이에요. 갑작스럽게 가신다는 소식에 서운하기도 하고 섭섭하기도 하네요.

제가 유치부부터? 아니 초등부부터였는지 잘 기억은 안 나지만 선생님과 함께했던 시간 꽤 길었다고 생각해요. 어제 중등부로 올라와 신앙생활을 더 열심히 하여야겠다고 다짐한 것 같은데…….

이제 2학기가 지나면 벌써 고등부네요.

제가 한솔이 형처럼 수능을 준비하고 대학생이 되어 사회에 나가기까지는 교회에서 함께 찬양하고 선생님의 말씀을 듣고 배워서 성장할 줄 알았는데……. 아쉽네요.

항상 우리 당항교회 학생회를 위해 힘써주시고 사랑해주셔서 감사합니다. 지금은 이렇게 헤어지지만 하나님께서 계획하신 일이 있으시기에 이렇게 이별을 한다고 생각해요.

이별은 또 다른 만남을 위해 하는 것이래요.

선생님께서 우리 학생회에게 주신 많은 사랑을 베풀고 나눠주

▲ 담항교회 유치부 어린이들과 함께. 앞줄 왼쪽부터 윤혜진, 김욱, 윤진영, 뒷줄 왼쪽부터 강선희, 교사인 나 이옥순.

어 우리 학생회가 크게 성장할 수 있도록 기도 많이 해주시구요 어려운 일이 있으시더라도 힘내세요. 항상 우리 하나멜이 뒤에서 지켜드릴게요.

항상 몸 건강하시고요.

선생님께서 하시는 일마다 축복과 하나님의 영광이 넘치길 기도할게요.

항상 행복하시길 바라고요

선생님~! 주님 안에서 사랑합니다 ~♥

항상 주님이 함께 하실 거예요.

P.S : 다음에 만날 때 신앙생활 잘하고 멋지게 성장한 모습으로 뵐 수 있도록 노력하겠습니다.

- 2007년 8월. 윤성준 올림.

이옥순 선생님께

선생님, 안녕하세요? 저 한결이에요.

그동안 우리 학생회를 위해서 항상 힘쓰시던 선생님께서 갑자기 저희 곁을 떠난다고 하니 많이 섭섭해요. 그래서 그동안 하지 못했던 감사의 말을 이 편지에 담아보고자 합니다.

지난 2005년이었던가, 우리 학생회가 다시 일어설 때 우리 학생회를 맡아서 지도해주신 선생님, 벌써 3년이 다 되어 가네요. 그동안 우리 학생회에는 기쁜 일, 슬픈 일이 너무나도 많았었죠. 우리 하나멜 축제, 오후 예배 전 찬양 인도 등 기쁜 일이 있을 때에도 언제나 함께 계시며 기뻐하셨고, 우리가 은지를 하나님 곁으로 떠나보낸 일, 현영이와 영준이를 다른 교회로 떠나보낸 일 등 슬픈 일이 있을 때에도 우리와 함께 계시며 서로 눈물 흘리며 슬퍼했었죠.

그런 많은 일을 겪으면서 바로 우리 옆에 있던 선생님의 소중함과 선생님에 대한 감사함을 느끼지 못한 것이 죄송하고 후회스러워요. 지금 생각해보면 선생님이 안 계셨으면 할 수 없었던 것이 너무 많은 것 같고, 어떻게 진작 선생님의 소중함과 감사함을 깨닫지 못했을까 하는 아쉬움도 밀려와요. 지난 3년 동안 우리 학생회를 이끌어 나가시기 위해 많이 힘 쓰셨고 수고하셨던 선생님께 감사의 말을 전하고 싶어요. 정말 감사했어요. 죄송했구요.

서울에 가셔도 우리 하나멜 잊지 마시구요. 언제나 좋은 일만 가득하길 기도할게요!

우리를 위해서 고생만 하셨던 선생님! 정말정말 죄송하구요. 사랑합니다♡ 감사합니다♡

-2007년 8월 25일 토요일. 하나멜 최한결 올림.

To. 이옥순 집사님께

안녕하세요. 저 당항교회 중고등부에 이제 막 들어온 종수에요. 교회에 들어와 집사님께 인사하던 때가 엇그제 같던데 벌써 세월이 이렇게 많이 흘렀네요.

먼저 '건강 괜찮으시나요?' '보고 싶을 건데?' 떼쓰곤 싶지만 벌써 전 이 시대를 이끌어야할 일꾼 14살이 되어서 이렇게 편지 한 장 보내네요. 비록 보잘 것 없는 이 편지 한 통이지만 이옥순 집사님이 기뻐하실 것을 믿습니다.

우리 당항 교회의 집사님이시자 우리 중고등부 담당 선생님이신 이옥순 집사님 그동안 너무너무 수고 많으셨습니다. 그동안 우리 뒷바라지 하시느라 힘드셨을 텐데…….

이 은혜를 어찌 갚아야 할지……. 부디 서울 가셔서도 우리 하나멜 잊지 마시구요. 몸조리 잘하셔서 건강한 모습으로 다시 뵈요! 그럼 이만 줄이겠습니다.

다시 뵈어요.

– 사랑스런 제자 김종수 올림

이 도서의 국립중앙도서관 출판예정도서목록(CIP)은 서지정보유통지원시스템 홈페이지(http://seoji.nl.go.kr)와 국가자료종합목록 구축시스템(http://kolis-net.nl.go.kr)에서 이용하실 수 있습니다. (CIP제어번호 : CIP2020013212)

이옥순 수필집

어머니의 겨울나기

초판인쇄일 2020년 4월 27일
초판발행일 2020년 5월 1일

지은이 : 이옥순
발행인 : 김순진
편집장 : 전하라
디자인 : 김초롱
펴낸곳 : 문학공원
등 록 : 2004년 3월 9일 제6-706호
주 소 : 우편번호 03382 서울 은평구 통일로 633
녹번오피스텔 501호 스토리문학사
전 화 : 02-2234-1666
팩 스 : 02-2236-1666
홈페이지 : http://cafe.daum.net/yob51
이메일 : 4615562@hanmail.net

※ 책값은 뒤표지에 있습니다.